राजलनीति टाइम मैनेजमेंट

"न्यूनतम समय में पाएं अधिकतम सफलता"

राजल गुप्ता

डायमंड बुक्स

www.diamondbook.in

© लेखकाधीन

प्रकाशक : डायमंड पॉकेट बुक्स (प्रा.) लि.
X-30 ओखला इंडस्ट्रियल एरिया, फेज–II
नई दिल्ली– 110 020
फोन : 011. 40712200
ई–मेल : sales@dpb.in
वेबसाइट : www.diamondbook.in

राजलनीति : टाइम मैनेजमेंट
by : *Rajal Gupta*

विषय-वस्तु

प्रस्तावना

मनुष्य ईश्वर की सर्वोत्तम रचना है और इस कारण वह इस धरती पर रहने वाला सर्वश्रेष्ठ प्राणी है, मनुष्य का जीवन मिलना अत्यंत ही दुर्लभ है और यदि हमें यह दुर्लभ मनुष्य जीवन मिला है तो हमें इसका सर्वोत्तम लाभ उठाना चाहिए। हम अपने जीवन का सर्वोत्तम लाभ तभी उठा सकते हैं यदि हम अपने समय का सर्वोत्तम प्रयोग करें क्योंकि जीवन समय से ही बना है तो यह कहना गलत नहीं होगा कि समय ही जीवन है, पर दुर्भाग्यवश अधिकांश लोग समय का बड़े ही बेदर्दी से इस्तेमाल करते हैं और जब तक उन्हें होश आता है तब तक बहुत देर हो चुकी होती है। इस संसार में प्रभु ने लंबे, नाटे, गोरे, काले जैसे हर प्रकार के लोग बनाए हैं पर इन सभी को प्रभु ने दिन में 24 घंटे का ही समय दिया है, और इनमें से वही लोग सफल होंगे जो अपने समय का समझदारीपूर्वक और शानदार तरीके से इस्तेमाल करेंगे और जो लोग ऐसा नहीं करेंगे उनका भविष्य अंधकारमय होगा।

मेरा इस पुस्तक को लिखने का कारण भी यही है कि इस पुस्तक के सभी पाठक समय का समझदारीपूर्वक और शानदार तरीके से

इस्तेमाल करें ''समय'' जो की हमारे जीवन की सबसे बेशकीमती वस्तु है उसका यदि आपने सावधानी से अपने लक्ष्यों को प्राप्त करने के लिए उपयोग किया तो आपका जीवन बहुत ही खुशहाल होगा और आपकी पहचान अपने क्षेत्र के एक बहुत ही सफल व्यक्ति के रूप में होगी और अगर आपने ऐसा नहीं किया तो आपको असफल होने से कोई नहीं रोक सकता।

''सबसे, सफल लोग वही हैं जो अपने समय का सबसे बेहतर इस्तेमाल करते हैं'' अगर आप सफल लोगों का इतिहास उठा कर देखें तो आप पाएंगे की सबसे सफल लोग वही हैं जो अपने समय का सबसे बेहतर इस्तेमाल करते हैं।

100 वर्ष से अधिक हो गये हैं जब पहली बार हमारे पूर्वजों ने गोरखपुर शहर में घड़ी का व्यवसाय शुरू किया था, घड़ी जो समय बताती है, समय यानि इस संसार की सबसे शक्तिशाली वस्तु/चीज। धन, व्यक्ति, पद इत्यादि आप जो चाहें वो नाम ले लें पर इनमें से कोई भी समय को नियंत्रित नहीं कर सकता, यह सभी समय के आगे हार जाते हैं, सरल शब्दों में समय को कोई नहीं बांध सकता। हां, आप समय का समझदारी से बेहतर इस्तेमाल अवश्य कर सकते हैं।

मेरी पढ़ाई जारी थी, घड़ी के पैतृक व्यवसाय को संभालने के अलावा मुझे अपने अन्य व्यवसायों को भी मैनेज करना पड़ता था, साथ ही साथ आरजी–टेक एजुकेशन नामक शिक्षण संस्था चलाना और ये सब एक ही समय में काफी चुनौतीपूर्ण हो जाता था। बढ़ती जिम्मेदारियों और काम की लंबी लिस्ट पर समय की वही सीमित मात्रा, इसी कारण मैंने निश्चय किया कि मैं अध्ययन करूँगा कि हमारे पास उपलब्ध सीमित समय का बेहतर और समझदारीपूर्वक तरीके से इस्तेमाल कैसे किया जाए। वर्षों तक समय प्रबंधन के विषय पर शोध और उन विचारों को आजमाने के बाद जो विचार मुझे उपयोगी लगे उन्हें मैंने अपने सदुपयोग के लिए एकत्रित किया। इन विचारों/तकनीकों को प्रयोग में लाने के बाद मेरा जीवन न सिर्फ काफी सरल हो गया बल्कि मैं कम समय में

बहुत ज्यादा परिणाम प्राप्त करने लगा। आज मेरे पास 9 डिग्री/सर्टिफिकेट हैं जिनमें LL.B., PGJMC (JOURNALISM), PGDBA (MBA), B LEVEL (MCA) जैसी 4 प्रोफेशनल डिग्री भी शामिल हैं जिसका कारण कठोर मेहनत के साथ–साथ अपने समय का बेहतर प्रबंधन भी है।

पुस्तक दी राजलनीति सीरीज टाइम मैनेजमेन्ट के माध्यम से मैं अपने वर्षों के कठिन शोध व मेहनत आपके समक्ष रख रहा हूँ। मुझे आशा है कि इन विचारों से आपको भी उतना ही लाभ होगा जितना की मुझे हुआ था।

इस पुस्तक को पढ़ने के लिए धन्यवाद।

आपके उज्ज्वल भविष्य की कामना।

स्व0 राधेश्याम गुप्त जी का पौत्र **"राजल"**

'राजल'

शिक्षा –

- B.COM [DIGVIJAY NATH POST GRADUATE COLLEGE (AFFILIATED TO DEEN DAYAL UPADHAYAY GORAKHPUR UNIVERSITY, GORAKHPUR

- B.C.A (ALAGAPPA UNIVERSITY, KARAIKUDI, TAMINADU)

- A LEVEL (P.G.D.C.A.) NIELIT (FORMERLY DOEACC, NEW DELHI]

- B LEVEL (M.C.A.) NIELIT (FORMERLY DOEACC, NEW DELHI)

- LL.B. (ST. ANDREWS COLLGE, GORAKHPUR)

- P.G.J.M.C. (JOURNALISM) [IGNOU, NEW DELHI]

- P.G.D.B.A. [HUMAN RESOURCE MANGEMENT] SYMBIOSIS CENTRE FOR DISTANCE LEARNING, PUNE)

- C.S.S.P [NIELIT (FORMERLY DOEACC)]

- C.S.S.A [NIELIT (FORMERLY DOEACC]

"राजल एक प्रेरक / आत्म सहायता पुस्तकों के लेखक व वक्ता हैं। राजलनीति टाइम मैनेजमेंट को उत्तर प्रदेश के माननीय मुख्यमंत्री

श्री योगी आदित्यनाथ जी द्वारा विमोचन व भारत के माननीय उपराष्ट्रपति श्री वेंकैया नायडू जी द्वारा शुभकामना संदेश प्राप्त करने का सौभाग्य मिला। राजलनीति श्रृंखला की एक अन्य पुस्तक को उत्तर प्रदेश के माननीय राज्यपाल श्री राम नाईक जी द्वारा विमोचन का भी सौभाग्य मिला। राजलनीति–1 पुस्तक के पहले अध्याय "बच्चे मुश्किल में हो तो माँ ही काम आती है" को इंटरनेट पर पाँच लाख से ज्यादा लोगों ने पढ़ा और सराहा।

राजल का जन्म 21 सितम्बर 1986 को, एक व्यवसायी परिवार में हुआ था। उनके दादाजी स्व0 राधेश्याम गुप्त शहर के एक अति सरल और सम्मानित व्यक्तियों में से एक थे। बचपन में सभी को लगता था कि राजल में किसी भी तरह की कोई प्रतिभा नहीं है क्योंकि जीवन के सभी क्षेत्रों में उनका प्रदर्शन बिल्कुल भी अच्छा नहीं था, इसलिए सभी को लगता था कि वे जीवन भर असफल रहेंगे। इसके बावजूद उनके दादाजी उनसे निःस्वार्थ भाव से प्रेम करते थे और सरल शब्दों में कहा जाए तो उनके दादाजी का प्यार उनकी सफलता और असफलता दोनों के ही समय एक जैसा रहता था और वे ही पहले इंसान थे जिन्होंने राजल को प्रेरित किया कि वे जीवन में कुछ कर सकते हैं। उनकी दी हुई प्रेरणा के कारण उन्होंने कक्षा 6 फेल से 9 डिग्री/सर्टिफिकेट की यात्रा तय की, हजारों विद्यार्थियों की सहायता व मार्गदर्शन के माध्यम बने। आज वे अपनी सफलता का श्रेय अपने दादाजी स्व0 राधेश्याम गुप्त जी को देते हैं। वे इसे अपना दुर्भाग्य मानते हैं कि उनकी इस सफलता को देखने के लिए उनके दादा जी दुनिया में नहीं हैं पर वे मानते हैं कि उनके दादाजी जहां भी होंगे उनसे बहुत खुश होंगे क्योंकि उन्होंने जो आशाएँ राजल से रखी थीं उसे राजल ने काफी हद तक पूरा कर दिया है।

दी राजलनीति सीरीज टाइम मैनेजमेंट पुस्तक से आप जानेंगे कि "सबसे सफल लोग वही होते हैं जो अपने समय का सबसे बेहतर इस्तेमाल करते हैं।" इस संसार में प्रभु ने हर प्रकार के लोग बनाए हैं पर इन सभी को प्रभु ने दिन में 24 घंटे का ही समय दिया है पर ऐसा क्यों है कि कुछ लोग बहुत आगे निकल जाते हैं जबकि ज्यादातर लोग वहीं के

वहीं रह जाते हैं। दी राजलनीति सीरीज टाइम मैनेजमेंट पढ़िये और जानिए की सफल लोग अपने समय का किस तरह इस्तेमाल करते हैं और समय का बेहतर इस्तेमाल करके वे किस तरह भीड़ से काफी आगे निकल जाते हैं।

❖ जानें कि क्या है आपके समय का सबसे बेहतर इस्तेमाल?

❖ कैसे बनाएं प्रतिदिन के लिए किए जाने वाले कामों की लिखित सूची।

❖ योजना और तैयारी कैसे आपको विजयी बढ़त दिलाती है।

❖ जानिए क्यों जो काम सुई से हो सकता है, उसके लिए तलवार का प्रयोग करना समझदारी नहीं है।

❖ जानिए क्यों हार्ड वर्क (कठोर परिश्रम) अच्छा है लेकिन स्मार्ट वर्क (समझदारी से किया गया काम) और भी ज्यादा अच्छा है।

❖ विद्यार्थियों के लिए समय प्रबन्धन सम्बन्धित विशेष टिप्स।

समय प्रबंधन के बेहतर इस्तेमाल के कारण ही राजल ने 9 डिग्री/सर्टिफिकेट भी प्राप्त किए जिसमें LL.B., PGJMC (JOURNALISM), PGDBA (MBA), B LEVEL (MCA) जैसी 4 प्रोफेशनल डिग्री भी शामिल है। पुस्तक दी राजलनीति सीरीज टाइम मैनेजमेन्ट पुस्तक के माध्यम से वे अपने समय प्रबंधन से जुड़े वर्षों के कठिन शोध व मेहनत को आपके समक्ष रख रहे हैं।

अध्याय - 1

आपका भविष्य इस बात पर निर्भर करता है कि आपने अपने वर्तमान समय का इस्तेमाल कैसे किया

''अपना ध्यान उत्पादक बनने पर लगाइए व्यस्त रहने पर नहीं।'' : टिम फेरिस

आने वाले वर्षों में आपका भविष्य बहुत ही उज्ज्वल और शानदार होगा पर यह इस बात पर निर्भर करेगा कि आपने अब तक अपने समय का कैसा इस्तेमाल किया, हम यहाँ एक 30 साल के जुड़वा भाइयों की कहानी पर गौर करेंगे जो एक ही समय एक ही माता–पिता से जन्मे, चेहरा, लंबाई सब कुछ एक जैसा पर उनकी परिस्थितियाँ आज बिल्कुल भिन्न हैं, एक भाई ने भारत के एक प्रतिष्ठित कालेज से इंजीनियरिंग की पढ़ाई की और आज वह एक बहुत ही बड़ी कंपनी में एक बहुत अच्छे पद पर कार्यरत है और उसका दूसरा जुड़वा भाई संघर्ष कर रहा है आखिर ऐसा क्यों?

क्योंकि उसने कक्षा 12 के बाद कोई पढ़ाई नहीं की और सारा का सारा समय मौज–मस्ती करने में, फिजूल के लोगों के साथ घूमने में बिताया। देखते–ही–देखते कब 10–12 साल बीत गए उसे पता ही नहीं चला। अब वह असमंजस में है कि अब वह क्या करे, 30 साल की उम्र में दोबारा पढ़ाई शुरू करे या कोई छोटा–मोटा काम करे ?

जैसा की आप इस कहानी से स्पष्ट रूप से समझ सकते हैं कि समय का सदुपयोग न करने पर क्या दुष्परिणाम होते हैं। समझदार वही व्यक्ति होता है जो दूसरों के अनुभवों से सीख ले, तो आइये हम इस कहानी से मिले संदेश को ग्रहण करें और अपनी स्थिति उस दूसरे जुड़वे भाई जैसी न होने दें जिसने अपने मूल्यवान समय को नष्ट किया और अंततः समय ने भी उसे बर्बाद कर दिया।

समय प्रबंधन से जुड़ी अमल योग्य उपयोगी बातें :

❖ स्वयं का आंकलन करिए कि आप वर्तमान समय में कहाँ पर हैं, क्या आपकी स्थिति वैसी ही है जैसी आप चाहते थे यदि नहीं तो क्यों? क्या आपने अतीत में समय का समझदारीपूर्वक तरीके से इस्तेमाल नहीं किया था। अगर ऐसा है तो अब से इस गलती को मत दोहराइए और अब से समय का बेहतर इस्तेमाल करिए।

❖ आप प्रतिदिन कितने घंटे टी.वी. देखते हैं? मनोरंजन के समय को कम करके हम इस कीमती समय का इस्तेमाल अन्य सार्थक कार्यो को करने में कर सकते हैं।

अध्याय - 2

जानें कि क्या है आपके समय का सबसे बेहतर इस्तेमाल

''यदि आप समय का भरपूर उपयोग करना चाहते हैं, तो आपको जानना होगा कि आपके लिए सबसे जरूरी क्या है, उसके बाद आप उस काम को करने में अपना सब कुछ झोंक दीजिए ।'' : ली आयाकोका

एक सड़क पर बहुत सारे पैसे गिरे हुए हैं जिसमें बहुत सारे 1,2,5,10 के सिक्के भी हैं और 10,20,500 और 2000 के नोट भी, दो दोस्त जल्दी–जल्दी इन पैसों को उठा रहें है ताकि उनसे पहले कोई और ये पैसा न उठा ले, पर पहला वाला दोस्त सिर्फ सिक्के उठा रहा है और दूसरा वाला दोस्त सिर्फ नोट, क्या आप बता सकतें है कि कौन–सा दोस्त ज्यादा धन उठा पाएगा, कौन–सा दोस्त समझदारी से काम कर रहा है ?

(यह एक काल्पनिक उदाहरण है जो सिर्फ समझाने के लिए प्रयोग किया गया है) शायद आपके लिए उत्तर देना कठिन न हो और आप सोचेंगे कि ये तो कोई बच्चा भी बता देगा कि सिक्के उठाने वाला पहला दोस्त कितना मूर्ख है जबकि नोट उठाने वाला दूसरा दोस्त उतना ही समझदार। पर अधिकांश जीवन में हम भी उस पहले वाले दोस्त की तरह ही अपने समय का इस्तेमाल करते हैं जैसा उसने सिक्के उठाने में किया था। यानि कि हम अपना अधिकांश समय कम मूल्यवान चीजों को

करने में लगाते हैं, जबकि उस समय का इस्तेमाल हम उन कामों को करने में भी कर सकते हैं जिससे हमे बड़े और बेहतर परिणाम मिलें। अगर मेरी बात की जाए तो पुस्तकें लिखना मेरे सबसे महत्वपूर्ण कामों में से एक है और इस काम में मुझे अन्य कामों की अपेक्षा ज्यादा समय देना चाहिए।

जैसा कि हम सभी जानते हैं कि इस धरती पर कोई भी अमर नहीं है, हम सभी के पास यहाँ एक सीमित समय/जीवन काल है। प्रत्येक धर्म में यह बताया गया है कि मनुष्य का इस धरती पर जन्म किसी महान उद्देश्य के लिए हुआ है और प्रत्येक मनुष्य का यह कर्तव्य है कि वह प्रभु के दिए हुए इस सुन्दर जीवन को सार्थक बनाए।

सरल शब्दों में मनुष्य अपने समय/जीवन का ज्यादा–से–ज्यादा इस्तेमाल सिर्फ और सिर्फ उन्ही कार्यों को करने में करे जो उसके जीवन के सर्वोच्च उद्देश्यों से मेल खाते हों उदाहरण के तौर पर एक खिलाड़ी को अपना ज्यादा–से–ज्यादा समय उस खेल के नियमों को जानने, खेल से जुड़ी तकनीकों को सीखने और उस खेल का बार–बार अभ्यास करना ही उसके मुख्य कार्य हैं, जो उसे करने चाहिए, ऐसे ही विद्यार्थियों को अपना सबसे ज्यादा समय अपने पाठ्यक्रम से जुड़े विषयों के अध्ययन में और अच्छे अंक प्राप्त करने की रणनीति बनाने में लगाना चाहिए।

इसी प्रकार एक डॉक्टर को वर्तमान समय में हो रही नई खोजों के बारे में अपनी जानकारी बनाएं रखने के लिए नियमित रूप से अध्ययन करना पड़ता है। चाहे आप विद्यार्थी हों या व्यवसायी, इंजीनियर या वकील, आप आज जो भी हों या जो भी करते हों आपको उस काम को कम–से–कम समय में बेहतर तरीके से करना सीखना होगा और इसके लिए आपको समय का बेहतर प्रबंधन करना होगा। सबसे सफल लोग वही हैं जो अपने समय का सबसे बेहतर इस्तेमाल करते हैं और वे आत्म–अनुशासन रखकर सिर्फ महत्वपूर्ण कामों को करते हैं।

समय प्रबंधन से जुड़ी अमल योग्य उपयोगी बातें :

❖ जानें क्या जरूरी है और क्या गैर जरूरी ?

एक समझदार आदमी को समझना चाहिए कि उसके लिए क्या जरूरी है और क्या जरूरी नहीं है, विलफ्रेड परेटों ने एक सिद्धांत भी दिया था जिसे हम परेटों प्रिंसिपल भी कहते हैं, इसके अनुसार किसी भी बड़ी सफलता के लिए 80 प्रतिशत परिणाम उसके 20 प्रतिशत कार्यों में ही छिपे रहते हैं और सफल लोग उन्हीं चुनिन्दा 20 प्रतिशत कार्यों को करते हैं जो 80 प्रतिशत परिणाम के बराबर होते हैं। इस तरह वे कम समय में ही बहुत आगे बढ़ जाते हैं जबकि असफल लोग बाकी के बचे हुए 80 प्रतिशत गैर जरूरी कामों में ही उलझे रहते हैं। इसका सबसे आसान उदाहरण होगा हमारे स्कूल के दिनो में होने वाली परीक्षाएँ, जिनमें 5 अंक के भी प्रश्न आते थे और 20 अंक के भी, समझदार विद्यार्थी न सिर्फ सबसे पहले इन 20 अंक वाले प्रश्नों को करते थे, बल्कि अपना ज्यादा–से–ज्यादा समय इन 20 अंको वाले प्रश्नों को करने में लगाते थे। क्योंकि इन प्रश्नों को करने से इन्हे ज्यादा अंक मिलते थे और इन्हे करने के बाद यदि 5 अंक वाले प्रश्नों को करने का समय न भी बचे तो भी कोई समस्या नहीं, मुद्दे की बात तो यह है कि उन्होंने सबसे अधिक परिणाम देने वाली चीजों को किया।

❖ जब भी आप कोई कार्य करना शुरू करें इस प्रश्न का उत्तर अवश्य दें : क्या यह मेरे समय का सबसे बेहतर इस्तेमाल है और मेरे इस कार्य को करने से मेरे भविष्य पर क्या प्रभाव पड़ेगा ? वही कार्य करें जो आपके भविष्य को बेहतर बनाते हों, क्योंकि सफल लोग यही करते हैं, जबकि असफल लोग अतीत की बातों और गैर जरूरी कामों को करने में उलझे रहते हैं।

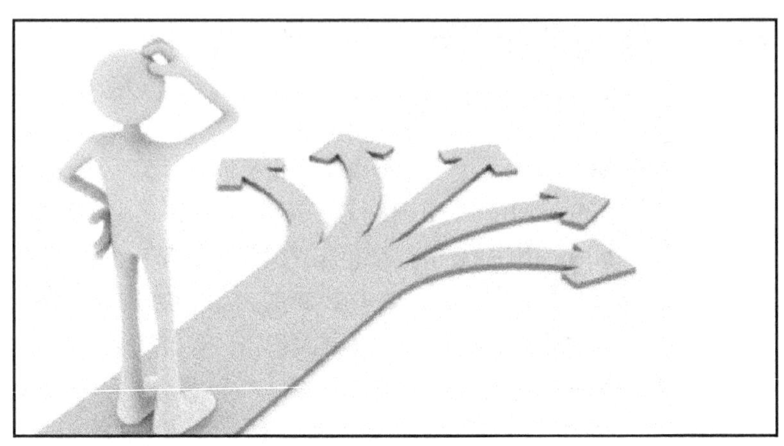

अध्याय - 3

कौन सा काम किया जाए?

''जब तक हम अपने समय को व्यवस्थित नहीं कर लेते तब तक हम कुछ और भी व्यवस्थित नहीं कर पाएंगें।'' : पीटर ड्रकर

एक आदमी ट्रेन की टिकट खरीदने के लिए घंटो से एक लंबी लाइन में लगा हुआ है। जैसे ही उसका नंबर आता है, टिकट काउंटर पर बैठा आदमी उससे पूछता है कि ''मैं आपको कहाँ का टिकट दे दूँ', जवाब मिलता है ''मुझे नहीं पता''।

आप शायद सोच रहे होंगे की कितना मूर्ख आदमी है जब पता ही नहीं था कि जाना कहाँ है तो लाइन में लगा ही क्यों ? पर ऐसी स्थिति ही अधिकांश लोगों की है जिन्हें नहीं पता कि कौन–सा काम किया जाए।

मैं शाकाहारी हूँ। इसलिए मैं पूरी कोशिश करता हूँ कि सिर्फ शाकाहारी रेस्टोरेन्ट में ही भोजन किया जाये। मैं यहाँ समझाने के लिए एक काल्पनिक उदाहरण लेता हूँ, एक दिन मैं अपने पसंदीदा रेस्टोरेन्ट में गया जहां लगभग 200 से ज्यादा प्रकार के व्यंजन बनते हैं, और उस रेस्टोरेन्ट के मालिक मुझे प्रस्ताव देते हुए कहते हैं, आप हमारे बहुत ही खास और पुराने ग्राहक हैं और हमारे यहाँ वर्षों से आ रहे हैं इसलिए हम

आज आपको इस रेस्टोरेन्ट में बनने वाले सभी 200 तरह के पकवान खिलाएँगे और आपसे एक रुपए भी नहीं लेंगे। शर्त सिर्फ इतनी-सी है कि इन सभी 200 व्यंजन को आपको पूरा खाना होगा और वो भी आज ही।

क्या आपके लिए या किसी के लिए भी यह संभव है कि वह एक ही दिन में एक रेस्टोरेन्ट में बनने वाले सभी 200 प्रकार के व्यंजन को खा सके भले ही उसे वह मुफ्त में मिल रहा हो ?

जब एक इंसान एक दिन में (एक सीमित समय में) 200 व्यंजन नहीं खा सकता तो क्या एक इंसान अपने एक ही जीवन काल में सब कुछ कर सकता है, क्या एक ही इंसान डॉक्टर, इंजीनियर, वकील, आर्किटेक्ट, व्यवसायी, उद्योगपति बन सकता है, वह भी एक साथ और एक ही जीवन काल में और जवाब है ''नही''।

हमारे सामने समस्या यह है कि हमारे सामने जो भी काम आता है हम उसे करते जाते हैं, क्या करना है, कब करना है, कैसे करना है, कौन से काम सौंपे जा सकते हैं और किसे सौंपे जा सकते हैं हमें यह पता ही नहीं होता। यहाँ पर जीवन के लक्ष्य ज्यादा कारगर सिद्ध होते हैं, जिसे आप सरल भाषा में जीवन का उद्देश्य भी कह सकते हैं, और अपना अधिकांश समय हमें इन्हें प्राप्त करने की योजनाओं और इन्हें प्राप्त करने की कोशिशों में लगाना चाहिए।

सबसे पहले निर्धारित करें आपको क्या करना हैं और आप उसे कैसे बेहतर तरीके से कर सकते हैं, वह भी कम-से-कम समय में। आपको लक्ष्य निर्धारित करने होंगे, कुछ लक्ष्य व्यक्तिगत होंगे, जिन्हे आप स्वयं अपने लिए चाहते होंगे, कुछ लक्ष्य परिवार के लिए, कुछ लक्ष्य अपने व्यवसाय या करियर के लिए होंगे।

अगर आप विद्यार्थी हैं तो आप किसी परीक्षा में उन्हीं प्रश्नों को पहले करने का चुनाव करें जो आपको सबसे अच्छे तरीके से आते हों और अपना कीमती समय सबसे पहले उन प्रश्नों को करने में लगाएँ, जिन पर सबसे ज्यादा अंक मिलने वाले हों।

समय प्रबंधन से जुड़ी अमल योग्य उपयोगी बातें :

❖   हम समय का प्रबंधन कैसे कर पाएंगे जब हमने अपनी जिंदगी की कोई योजना ही नहीं बनाई है, इसलिए इन महत्त्वपूर्ण सवालों के जवाब आपको पता होने चाहिए :

1.   आपके लक्ष्य क्या हैं ? (आपके लक्ष्य व्यक्तिगत, पारिवारिक या सामाजिक हो सकते हैं)

2.   यदि आपको 1 करोड़ रुपए दियें जाएँ तो आप उनका इस्तेमाल किस तरह करेंगे ? आप कौन–सा कार्य स्वयं करना चाहेंगे और कौन–से कार्य दूसरों को करने के लिए सौंपना चाहेंगे?

3.   यदि आपके पास जीने के लिए सिर्फ 6 माह ही शेष हों तो आप क्या करेंगे?

4.   यदि आपको यह पता चले कि आप जीवन में जो चाहें वो प्राप्त कर सकते हैं और उस काम में सफल होने से आपको कोई रोक नहीं सकता तो आप क्या करेंगे ?

अध्याय - 4

कोई भी काम एक बार में ही कर डालिए

''समस्या यह है कि आप सोचते हैं कि आपके पास पर्याप्त समय है।'' : बुद्ध

मैंने अपना बहुत सारा समय क्रिकेट देखने में इस्तेमाल किया है और मैंने पाया है कि कई ऐसे बल्लेबाज जिन्होंने एक लंबी पारी तो खेली पर लंच या ड्रिंक्स के interval/अंतराल के कारण उनका ध्यान भंग हो गया और जब वे दोबारा खेलने आए तो ध्यान भंग हो जाने के कारण वे तुरंत ही आउट हो गए।

अपने समय को सबसे महत्वपूर्ण काम को करने में लगाइए और इसमें तब तक लगे रहिए जब तक की वह काम पूरा नहीं हो जाता।

मैंने पाया है कि जब भी आप कोई काम शुरू करते हैं और फिर उसे छोड़कर कोई दूसरा काम करना शुरू कर देते हैं तो न सिर्फ एकाग्रता भंग हो जाती है, बल्कि लगने वाला समय भी कई गुना बढ़ जाता है।

बेहतर होगा कि जब भी हम कोई काम शुरू करें तो खुद को इतना अनुशासित कर लें कि जब तक वह काम पूरा न हो जाए तब तक

किसी अन्य कार्य को हम हाथ भी न लगाएं, जब आप ऐसा करते हैं तो आप उस काम को पूरा करने में लगने वाले समय को, आधे से भी कम कर सकते हैं।

मैंने बहुत सारे सफल लोगों की जीवनी पढ़ी है और मैंने पाया कि इन सभी लोगों में एक चीज सामान्य थी वे सभी आत्म–अनुशासित थे और वे जानते थे कि उनके लिए क्या महत्वपूर्ण है। भले ही उनका मन करे या न करें, वे उस काम में तब तक लगे रहते थे, जब तक कि वह कार्य पूरा न हो जाए, क्योंकि इसी पर उनका पूरा भविष्य निर्भर था।

एक कहावत है हजारों मील लंबी यात्रा पहले कदम से शुरू होती है इसलिए बस पहला कदम बढ़ाएँ और तब तक न रुकें जब तक आप मंजिल तक नहीं पहुँच जाते।

समय प्रबंधन से जुड़ी अमल योग्य उपयोगी बातें :

❖ अपने विद्यार्थी जीवन में मैंने पाया है कि जब भी हम पढ़ना या लिखना शुरू करते हैं तो शुरू के लगभग 10–15 मिनट तो एकाग्रता बनाने में ही लग जाते हैं। कोशिश करें कि जब भी पढ़ना शुरू करें तो कम–से–कम डेढ़–दो घंटे लगातार बैठें जिसमें किसी भी तरह का कोई व्यवधान न हो, यह कठिन तो है पर मैंने इसे बहुत ही ज्यादा कारगर पाया है।

❖ एकाग्रता : सफल लोग उसी काम को हाथ में लेते हैं जो सबसे ज्यादा परिणाम देते हों और उसे तब तक करते रहते हैं, जब तक वह पूरा न हो जाए क्योंकि एक काम को शुरू करना और उसे टाल देने या बाद में करने के लिए छोड़ देने में आप कम–से–कम, अपना 5 गुना समय बर्बाद करते हैं, ऐसा शोध में पाया गया है।

❖ कुछ भी बड़ा करने के लिए एकाग्रता बहुत महत्वपूर्ण है।

अध्याय - 5

बनाएं प्रतिदिन किये जाने वाले कामों की लिखित सूची

''बीता हुआ समय कभी लौटकर नहीं आता।'' : बेंजामिन फ्रैंकलिन

हमारे पैतृक घड़ी के व्यवसाय को 100 साल से भी ज्यादा हो गए, मैंने बचपन में बहुत सारा समय, अपनी दुकान वाच हाउस पर, अपने दादाजी के साथ बिताया, जब भी कोई घड़ी बिकती थी, दादाजी उसे एक कॉपी में नोट कर लेते थे और दिन के अंत में वे एक सूची बनाते थे कि कौन—कौन सी घड़ियां कितनी मात्रा में मंगानी हैं, और यह काम सिर्फ वे एक दिन नहीं, सप्ताह के सभी दिन किया करते थे और सम्पूर्ण सप्ताह का ऑर्डर एक साथ दिया जाता था।

मैंने उनसे पूछा कि 'वे ऐसा क्यों करते हैं, तो उन्होंने मुझसे पूछा कि 'बताओ कल कौन—कौन सी घड़ी बिकी थी? जवाब में मैंने उनसे कहा कुल मिलाकर 30—40 घड़ियाँ बिकी होंगी पर मुझे सबके मॉडल नहीं याद हैं।'

उन्होंने इस पर कहा कि 'बताओ, तुम अभी बच्चे हो और मैं बूढ़ा हूँ, तुमको कल तक का हिसाब नहीं याद है, तो हमको पूरे हफ्ते और पूरे साल का ब्यौरा कैसे याद रहेगा, कोई लापरवाही न हो और सब कुछ याद रहे, इसलिए सब कुछ लिखना पड़ता है।'

सूची का इस्तेमाल मेरे परिवार में, सिर्फ मेरी दुकान में ही नहीं होता था, बल्कि यह काम हमारी दादी जी और माता जी भी करती थीं। मैंने उन्हें बाजार से सामान मंगवाने के लिए भी एक सूची का इस्तेमाल करते हुए देखा। छोटी–छोटी जरूरत की चीजों, जैसे सब्जी या फल के लिए भी वो लिखित प्रणाली का इस्तेमाल करती थी। साथ–ही–साथ कर्मचारियों के हिसाब–किताब के लिए भी वो एक अलग कॉपी बना लेती थीं।

ईश्वर से मिला हमारा यह दिमाग बहुत शक्तिशाली है पर जैसा कि आप देख सकतें है कि छोटी–छोटी चीजों को समय पर याद रखने के लिए सूची की जरूरत तो पड़ती ही है। आपके हिसाब से जो भी काम आपको करने हैं उनकी सूची बनाएँ, उसके बाद उसे क्रम अनुसार जमाएँ, कौन–सी चीज सबसे पहले की जानी है, कौन–सी चीज उसके बाद की जानी है, इसकी एक श्रृंखला बना लें और यह भी चिन्हित कर लें कि कौन–सी चीज बिल्कुल नहीं की जानी है।

यदि हमें पता न हो कि हमें हर दिन क्या करना है, तो हम पाएंगे की हम जीवन को नहीं चला रहे हैं, बल्कि जीवन हमें चला रहा है।

प्रत्येक दिन हमें क्या करना है, इसकी सूची अगर हम पहले से ही बना लें तो न सिर्फ हमारे सभी काम समय पर पूरे होने लगेंगे बल्कि इस आदत के कारण हम भीड़ से बहुत आगे निकल जाएंगे। सूची बनाकर काम करने पर हमारी टालमटोल की आदत भी छूट जाती है। मैंने पाया है कि जब आप अपनी सूची में एक–एक काम काटते जाते हैं तो न सिर्फ हमें एक आंतरिक खुशी मिलती है पर हमारा आत्म–विश्वास भी बढ़ता जाता है। यदि उस दिन सूची में से कोई काम छूट गया हो तो उसे अगले दिन की सूची में जोड़ लें।

जब आप और पारंगत/expert हो जाएँ तो एक साप्ताहिक और मासिक सूची भी बनाएँ, जिसमें अपने बड़े लक्ष्यों को लिखें, जिन्हें आप साप्ताहिक और मासिक रूप से पूरा करना चाहते हैं।

समय प्रबंधन से जुड़ी अमल योग्य उपयोगी बातें :

❖   जो भी करना है, उसे लिख लें और व्यवस्थित/organise करें: क्या करना हैं, कैसे करना हैं और किस क्रम में करना हैं। शोध से

प्राप्त आंकड़ों पर गौर किया जाए तो यह पाया गया है कि ऐसे व्यक्ति, जिनके पास लिखित लक्ष्य हैं और यदि इन लिखित लक्ष्यों के अनुसार ही वे उसी पर काम करें तो उनके आम आदमी से सफल होने की संभावना कम–से–कम, 50 गुना ज्यादा बढ़ जाती है।

❖ सूची बनाएँ, बेहतर होगा कि अगर आप अगले दिन की सूची आज शाम या रात को ही बना लें, क्योंकि रात को सोते समय आपका अवचेतन दिमाग ऐसे रास्ते और तरीके खोजेगा, कि किस तरह उन कामों को किया जाए।

सूची का सबसे बड़ा फायदा होता है कि यह बिल्कुल नक्शे की तरह होते हैं, जैसा नक्शा बताता है कि हम कहाँ पर हैं और हमें कहाँ जाना है, उसी तरह सूची हमें बताती है कि हमने उस सूची में से कौन–कौन से काम किए और कौन–कौन सा काम करना बाकी है, जैसे–जैसे आप उस सूची के काम को सफलतापूर्वक करते जायेंगे और उस सूची में से काटते जाएंगे आपका आत्म–विश्वास भी बढ़ता जाएगा।

❖ **मैं सूची किस प्रकार बनाता हूँ :**

आपको जो भी काम सूझ रहे हों, सभी को लिख डालें, किसी को भी न छोड़े, उसके बाद कुछ चुनिन्दा काम जो आपको सबसे महत्वपूर्ण लगते हों, जिनके करने से आपका भविष्य उज्ज्वल होगा, उनके आगे रोमन अक्षर "I" (आई) जिसका अर्थ पहला या फर्स्ट भी होता है लिख लें, उसके बाद देखे की इन "I" (आई) कामों में अपेक्षित परिणामों के हिसाब से सबसे पहले, किस काम को किया जाना चाहिए, उसे पहचानने के बाद उस "I" के आगे 1 लिख लें इसी तरह इसके बाद जिस दूसरे "I" काम को करना है उसके आगे 2 लिख लें, इसी तरह तीसरे चौथे "I" कार्य के आगे प्राथमिकता अनुसार संख्या डाल लें। "I" कार्यों को उनकी प्राथमिकता के अनुसार करते जाएँ, यानि कि जब तक पहला न हो जाए तब तक दूसरे पर न जाएँ।

अब आते हैं द्वितीय श्रेणी पर, जिसे मैं "II" डबल आई अक्षर से

चिन्हित करना चाहूँगा। ये ऐसे कार्य हैं, जिन्हे आप अभी न भी करें तो भी चलेगा क्योंकि इसे करने या न करने से आपके भविष्य पर कोई फर्क नहीं पड़ता, इसे भी ऊपर की सूची की तरह प्राथमिकता अनुसार "II" के आगे 1, 2, 3 लिख लें।

एक तीसरी श्रेणी, जिसे मैं "U" 'अक्षर से चिन्हित करना चाहूंगा इसे मैंने अंग्रेजी शब्द अरजेंट/urgent से लिया है, ये ऐसे कार्य हैं जिसे अभी हर हाल में करना ही करना है और इसे अभी न करने पर काफी दुष्परिणाम भुगतने पड़ सकते हैं, जैसे अपने बच्चे को डॉक्टर के यहाँ ले जाना, अंतिम तिथि से पूर्व बिलों का भुगतान करना, गाड़ी में तेल भरवाना इत्यादि।

एक चौथी श्रेणी जिसे मैं "D" अक्षर से चिन्हित करना चाहूँगा। इसे मैंने अंग्रेजी भाब्द डेलीगेट/delegate से लिया है, ये ऐसे कार्य जिन्हे आप किसी और को करने के लिए सुपुर्द कर सकते हैं। इसके बारे में मैंने अध्याय–8 में लिखा है "जो कार्य सुई से हो सकता है उसके लिए तलवार का प्रयोग क्यों?"

उदाहरण के लिए एक सूची

फिट रहने के लिए जिम जाना I-1

मोबाइल रिचार्ज करने की आज आखिरी तारीख U-2

फिल्म देखने जाना II-1

दवाई खाना U-1

किताबें लिखना I-2

बाजार से सामान मंगवाना D-2

बैंक में पैसे जमा कराना D-1

घूमने फिरने बाहर जाना II-2

ऊपर की इस सूची में मेरे I कार्य है फिट रहने के लिए जिम जाना और किताबें लिखना, जिसमें से फिट रहने के लिए जिम जाना को मैंने I-1 का दर्जा इसलिए दिया है, क्योंकि अगर मेरी सेहत अच्छी रहेगी तो मैं और भी

ज्यादा एकाग्रता के साथ किताबें लिख सकता हूँ (किताबें लिखना I-2) व अन्य काम कर सकता हूँ।

Urgent कार्य जिसे U से चिन्हित किया है। ये ऐसे कार्य हैं, जिन्हें टाला नहीं जा सकता। इस उदाहरण में U-1 हैं दवाई खाना और U-2 है मोबाइल रिचार्ज करना, क्योंकि अगर मोबाइल हम कुछ देर बाद रिचार्ज करा लें तो हमें ज्यादा दिक्कत नहीं होगी पर अगर हम समय पर दवा न खाएं तो हमें समस्याएँ हो सकती हैं।

ऐसे कार्य, जिन्हे हम दूसरों को हस्तांतरित / delegate कर सकते हैं, उन्हें हम D से चिन्हित करेंगे। यहाँ हमने बैंक में पैसा जमा करने को वरीयता दी है इसलिए इसे D-1 से चिन्हित किया, क्योंकि बैंक के काम करने का एक निश्चित समय होता है, जबकि बाजार से सामान कई स्थानों से उपलब्ध हो सकते हैं, इसलिए इसे D-2 का दर्जा दिया है।

फिल्म देखने जाने या घूमने फिरने जाने या न जाने से कोई बहुत ज्यादा फर्क नहीं पड़ेगा। इसलिए इसे II श्रेणी में विभाजित किया गया, क्योंकि फिल्म लगती है और कुछ समय बाद हट जाती है। इसलिए इसे II-1 की श्रेणी में रखा है। जबकि घूमने–फिरने हम कभी भी जा सकते हैं। इसलिए इसे II-2 की श्रेणी में रखा है।

अध्याय - 6

योजना और तैयारी सबसे पहले

''सफलता की परिभाषा बड़ी ही सरल है, जो सही हो उसे सही तरीके से करें और सही समय पर करें।'' : अर्नोल्ड एच ग्लासो

मैंने पाया है कि आत्मविश्वास बढ़ाने का सबसे अच्छा तरीका है तैयारी करना। आपने ओलंपिक खेल तो अवश्य देखे होंगे। यह चार वर्ष में एक बार आयोजित होता है। अलग–अलग खेलों से जुड़े, विश्व के लगभग सभी प्रमुख देशों के खिलाड़ी इसमें हिस्सा लेते हैं।

ओलंपिक के अधिकांश खेलों में 4 वर्ष बाद, खिलाड़ी को प्रदर्शन करने के लिए, कुछ ही मिनटों का समय मिलता है और इसमें उसी खिलाड़ी के जीतने की सबसे अधिक संभावना होती है, जिसने सबसे अच्छी तैयारी की है।

चाहे आप विद्यार्थी हों या खिलाड़ी हों या व्यवसायी हों या आप कोई भी काम करते हों, मैंने पाया है कि जब आप किसी काम को करने से पहले ही उसकी पूर्व योजना बना लेतें हैं तो समय का एक बहुत बड़ा हिस्सा बचा लेते हैं।

डॉक्टर ऑपरेशन करने से पूर्व सारी तैयारी कर लेते हैं जैसे सभी आवश्यक दवाइयाँ और उपकरण तो रहते ही हैं। साथ–ही–साथ उनके

साथ अनेक सहयोगी भी रहते हैं जो हर तरह की परिस्थिति में डॉक्टर का सहयोग कर पाएँ। आप भी डॉक्टर की तरह समझदारी दिखाएँ और काम करने से पहले जिन चीजों की भी आपको जरूरत हो, उन्हें पहले से ही अपने पास रख लें।

चाहे मैं हूँ या आप हम सभी जब भी शहर से बाहर निकलते हैं तो पूरी योजना बना लेते हैं कि कहाँ जाना है ? कितने दिन के लिए जाना हैं? क्या हमारे कपड़े तैयार हैं ? क्या हमने पैसे रख लिए ? क्या सूटकेस में सभी जरूरत की चीजें रख लीं ? इत्यादि जैसे प्रश्नों के बारे में हम पहले से ही सोच लेते हैं, क्योंकि हमारी तैयारी पर ही हमारी यात्रा की सफलता निर्भर करती है और बिल्कुल उसी तरह, हमारी जीवन की यात्रा की सफलता भी हमारी तैयारियों पर निर्भर करती है। बहुत से लोग यह तर्क देते हैं कि उन्हे आगे का रास्ता दिखाई नहीं दे रहा तो मेरा सुझाव उन लोगों से यह होगा कि जितना भी दिखाई दे रहा हो वहाँ तक चलें, आगे का रास्ता आपको अपने आप दिखने लगेगा। यदि हम अपनी यात्राओं के लिए योजनाएँ बना लेने में सक्षम हैं तो फिर हम अपने जीवन के लिए योजना क्यों नहीं बनाते। एक शिल्पकार, जिस तरह मूर्ति को आकार देता है उसी तरह आप भी अपनी योजना को साकार कीजिए। आवश्यकता पड़ने पर योजना को परिस्थिति के अनुसार कुछ बदला जा सकता है, योजना बनाने में सबसे अच्छी बात यह होती है कि आप योजना बनाते ही सोचना शुरू कर देते हैं। योजनाएँ बनाएँ, क्योंकि कोई दूसरा आकर आपकी समस्या नहीं सुलझाने वाला।

समय प्रबंधन से जुड़ी अमल योग्य उपयोगी बातें :

❖ यात्रा की योजना बनाने की ही तरह अपने जीवन की भी योजना बनाएँ, आप 1 वर्ष में क्या–क्या प्राप्त करना चाहते हैं, इसी प्रकार अपने जीवन की अगले 2, 5 व 10 वर्ष की योजना भी बनाएँ।

❖ जब भी कोई काम करना हो तो उस काम को करने के लिए सभी आवश्यक सामान को अपने पास, पहले ही रख लें।

अध्याय – 7

कार्यों को प्राथमिकता अनुसार बाटें और फिर क्रम अनुसार क्रियान्वित करें

''भविष्य के बारे में सबसे अच्छी बात यह है कि ये सिर्फ एक–एक दिन करके आता है।'' : अब्राहम लिंकन

एक डॉक्टर ऑपरेशन कर रहे हैं तभी उन्हे एक फोन की घंटी सुनाई देती है और वह फोन की घंटी उन्हीं के फोन की थी, आपको क्या लगता है कि वो फोन उठाएंगे या मरीज का ऑपरेशन करेंगे।

एक नवजात बच्चे की माँ यह नहीं कह सकती कि मेरे पास उस बच्चे के लिए अभी समय नहीं है, मुझे कुछ और भी जरूरी काम करने हैं, मैं इस बच्चें को बाद में संभाल लूँगी।

जैसा कि आप समझ सकते हैं कि हर काम की अपनी प्राथमिकता होती है और जो इंसान उस प्राथमिकता को और उस प्राथमिकता के क्रम को समझ गया, वही इंसान इस जीवन में सफल है।

जब जीवन में आपकी प्राथमिकताएँ स्पष्ट हों तो न सिर्फ निर्णय लेना आसान हो जाता है, बल्कि जीवन जीना भी काफी सरल हो जाता

है। उदाहरण के लिए हमारे एक सर जी हैं, जिन्होंने सदैव ही सम्मान को अपनी सर्वोच्च प्राथमिकता रखा उनके लिए पैसा और अन्य चीजें उतनी मायने नहीं रखतीं, जितना कि सम्मान रखता है, अगर कभी जीवन में उन्हे निर्णय लेना हो कि उन्हे पैसा चाहिए या पद या सम्मान तो वे निश्चित रूप से सम्मान को चुनेंगे। ऐसे ही हमारे एक बहुत खास दोस्त हैं जिनसे आप यदि पूछें की आपके लिए जीवन में क्या महत्वपूर्ण है तो उनका जवाब होगा करियर, क्योंकि बचपन से ही उन्होंने एक विशेष क्षेत्र में करियर बनाने का सपना देखा था और इसके बाद ही वे अन्य किसी विकल्प को चुनेंगे। आपके लिए प्राथमिकता का क्रम क्या है ? आप किसे पहले चुनेंगे पैसा, पद, परिवार, सम्मान इत्यादि में से, अगर आपको किसी एक को चुनना हो तो आप किसे चुनेंगे?

अब आगे बढ़ते हैं हमारे लिए यह जानना सबसे महत्वपूर्ण है कि हम जो कार्य करने जा रहे हैं, उसका हमारे भविष्य पर क्या परिणाम हो सकता है, सरल शब्दों में उससे हमें क्या परिणाम प्राप्त होंगे। जो भी परिणाम हम चाहते हैं उसके लिए यह जानना बहुत जरूरी है कि वो परिणाम हम क्यों चाहते हैं, जब यह स्पष्ट हो जाए कि हम ''क्या'' परिणाम चाहते और ''क्यों'' चाहते हैं, उसके बाद हमें ''कैसे'' का निर्धारण करना होगा कि उस परिणाम को प्राप्त करने के लिए, कौन से कार्य और कौन—सी गतिविधियां करनी होंगी।

उदाहरण के लिए इस पुस्तक को ही ले सकते हैं ''दी राजलनीति सीरीज—टाइम मैनेजमेंट''।

मैं कौन से परिणाम चाहता हूँ : मैं ''दी राजलनीति सीरीज—टाइम मैनेजमेंट'' लिखना चाहता हूँ।

मैं ''दी राजलनीति सीरीज—टाइम मैनेजमेंट'' क्यों लिखना चाहता हूँ? ताकि मैं समय प्रबंधन के विषय में मुश्किल से सीखी हुई बारीकियाँ और अपने अनुभव को अन्य लोगों के साथ बाँट सकूँ ताकि वे कम समय में बेहतर और इच्छित परिणाम प्राप्त कर सकें।

मैं यह किताब कैसे लिखूँ : रात को 8 बजे से 10 बजे तक मैं

समय प्रबंधन से जुड़ी महत्वपूर्ण बातें लिखूँ, जब मैं संतुष्ट हो जाऊँ कि मैंने पर्याप्त मात्रा में लिख लिया है, तो उसके बाद किताब की फाइनल प्रूफ रीडिंग करूँ और तब छपने की प्रक्रिया को आगे बढ़ाऊँ।

काम करने का तरीका जितना महत्वपूर्ण है, उससे ज्यादा महत्वपूर्ण है कि आप अंतिम इच्छित परिणाम भी प्राप्त करें।

समय प्रबंधन से जुड़ी अमल योग्य उपयोगी बातें :

❖   अपनी प्राथमिकता स्पष्ट रूप से तय करिए, आपके लिए सबसे ज्यादा क्या महत्वपूर्ण है ?

❖   परिवार, धन, स्वास्थ्य, सम्मान को अपने जीवन में प्राथमिकता के आधार पर क्रम में लिखिए। साथ–ही–साथ इसका कारण भी लिखिए कि आपके लिए ये महत्वपूर्ण क्यों है?

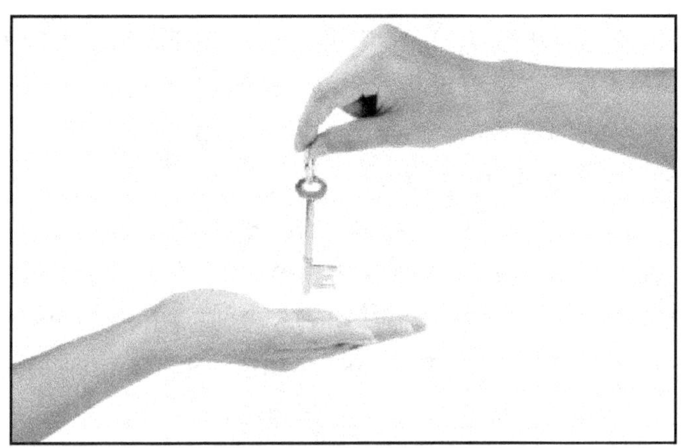

अध्याय - 8

जो काम सुई से हो सकता है उसके लिए तलवार का प्रयोग क्यों?

''घड़ी मत देखिये, बस वही करिए जो घड़ी करती है यानि की आगे बढ़िए।'' : सैमुएल लेवेनसन

इस धरती पर सभी के विचार और सभी के मत अलग–अलग हैं। कुछ लोग कहते हैं कि इंसान ही धरती का एकमात्र प्राणी है, जो हर काम कर सकता है। मुझे इस बात में काफी सत्यता नजर आती है और इस वाक्य में, मैं अपने थोड़े से विचार जोड़ना चाहूँगा ''इंसान ज्यादातर काम कर सकता और अच्छी तरह कर सकता है अगर वह सभी काम कर भी सकता तो भी उसे सभी काम नहीं करने चाहिए उसे बस अपना सर्वाधिक समय उन्ही कार्यों को करने में लगाना चाहिए, जो उसके जीवन के उद्देश्य और लक्ष्यों से मेल खाते हों।''

इस पुस्तक को ही ले लें। शायद मैं हिन्दी टाइपिंग सीखकर इस पुस्तक को स्वयं ही टाइप कर सकता हूँ, पर जितने समय में यह काम करूंगा, उतने ही समय में कोई दूसरी पुस्तक लिखना शुरू कर सकता हूँ। ऐसे ही मैं अपने बागीचे में खुद पेड़ों का रख–रखाव कर सकता हूँ अपने कपड़े खुद ही धुल सकता हूँ ऐसे ही अनेक काम मैं स्वयं कर सकता हूँ पर यदि मैं इन सभी

कार्यों को स्वयं ही करूंगा तो मेरे पास अन्य महत्वपूर्ण कार्य करने के लिए समय शेष नहीं बचेगा, जिसे सिर्फ मैं ही कर सकता हूँ।

बेहतर होगा कि आपकी योग्यता के हिसाब से इन कम महत्वपूर्ण कार्यों को करने के लिए, आप इनको करने वाले विशेषज्ञों से सहायता लें। जैसे अपने बागीचे का ख्याल रखने के लिए आप एक माली को नियुक्त करें, अपने कपड़े को धुलने के लिए, आप एक धोबी की सहायता लें। कोई कार्य छोटा और बड़ा नहीं होता इसलिए हमें सभी तरह के लोगों का सम्मान करना चाहिए। यहां कम महत्वपूर्ण से मेरा तात्पर्य ऐसे कार्य से है जो जीवन के उद्देश्यों को पूरा न करते हों और ऐसे कार्य जीवन की प्राथमिकता के क्रम में नीचे आते हैं।

हो सकता है कि मेरा सुझाव आपको खर्चीला लगे पर इन कम महत्वपूर्ण कामों को न करके, जो समय आप बचाते हैं, उस समय का सदुपयोग आप अपनी आमदनी या योग्यता बढ़ाने में इस्तेमाल कर सकते हैं, जिससे आपका भविष्य उज्ज्वल होगा।

समय प्रबंधन से जुड़ी अमल योग्य उपयोगी बातें :

❖ Delegation/हस्तांतरण हमारे पास ऐसे बहुत से काम होते हैं जो हमारे स्थान पर कोई और कर सकता है। हमें कोशिश करनी चाहिए कि किसी ऐसे इंसान को खोजें, जो वह काम हमारे लिए कर सकता हो, यह एक ऐसा इंसान हो सकता है जो हमारी तुलना में उस काम को करने का विशेषज्ञ हो या किसी अन्य सक्षम व्यक्ति को करने के लिए सुपुर्द कर सकते हैं और उन्हें उचित पारिश्रमिक दे सकते हैं। कोशिश करिए, ज्यादा–से–ज्यादा ऐसे काम दूसरों को सुपुर्द कर दिया जाए, ताकि आपके पास ज्यादा–से–ज्यादा समय रहे, महत्वपूर्ण व कीमती कामों को करने के लिए।

❖ Delegation / हस्तान्तरण के लिए सबसे महत्वपूर्ण है स्पष्टता, यह कभी मत मानिए की काम हो जाएगा। आपको समय–समय पर चीजों को चेक करना पड़ेगा उसे दोबारा जाँचना पड़ेगा और बेहतर होगा कि आप सभी दिशा निर्देश पहले से ही लिखकर दे दें कि आप क्या परिणाम चाहते हैं, और जब काम आपके अपेक्षा अनुकूल न हों तब उन्हें तत्काल ही उचित मार्गदर्शन दें।

अध्याय - 9

प्रत्येक वस्तु को रखें एक निश्चित स्थान पर

''एक इंसान जो अपने एक घंटे बर्बाद कर सकता है उसने अपने जीवन का महत्व ही नहीं समझा।'' : चार्ल्स डार्विन

शायद मैं भी उन लाखों–करोड़ों इंसानों में से एक हूँ जिन्होंने किसी कागज को, किसी सामान को खोजने में अपना घंटो का कीमती समय बर्बाद किया है और इसके बाद भी कई बार मुझे सफलता मिली तो कई बार मुझे सफलता नहीं मिली और अब इतने वर्षों के बाद मैंने पाया है कि जिस कागज की जरूरत आपको कभी नहीं पड़ने वाली हो उसे तुरंत ही फाड़ के फेंक देना चाहिए और जिन कागजों की आवश्यकता भविष्य में पड़ने वाली है, उसे एक फाइल में लगा लें। शिक्षा से जुड़े कागजों के लिए एक अलग फाइल बनाएं, जिसमें शिक्षा से जुड़ी मार्कशीट्स, सर्टिफिकेट, रसीदें इत्यादि रखें, वैसे ही व्यवसायी वर्ग के लोग हिसाब–किताब के लिए अलग–अलग फाइल बनाएँ।

न सिर्फ ऐसा करने से आपका समय बचेगा, बल्कि आपका पैसा भी बचेगा, अनेकों बार समय पर कागज न मिलने पर हमें लेट फीस या अन्य जुर्मानों का सामना करना पड़ता है और अगर सामानों की बात की जाए

तो कई बार सामान न मिलने पर हम नया सामान खरीद लेते हैं परंतु कुछ दिन बाद हमें वह सामान दोबारा दिख जाता है जो हमने कुछ दिन पहले खरीदा था उसके बाद हमें अफसोस होता है कि हमने पैसे फिजूल में बर्बाद कर दिये (क्योंकि हमने सामान को एक निश्चित स्थान पर नहीं रखा था), इसलिए हमें इतनी समस्या आई। सामानों को एक निश्चित जगह पर रखने और उसका लाभ उठाने वालों में सबसे अच्छा उदाहरण हमें स्पेंसर, बिग बाजार इत्यादि जैसे सुपरस्टोर में देखने को मिलता है, जहाँ हजारों प्रकार के उत्पाद सुव्यवस्थित रूप से रखे होते हैं।

एक अच्छी आदत अपनाएं और न सिर्फ कागजों को बल्कि अपने दैनिक जीवन के अन्य आवश्यकता के सामानों को रखने के लिए एक निश्चित स्थान बनाएं जिसके परिणामस्वरूप आपका जीवन सरल हो जाएगा।

समय प्रबंधन से जुड़ी अमल योग्य उपयोगी बातें :

❖ स्पेंसर, बिग बाजार जैसे किसी बड़े सुपरस्टोर को देखें कि किस प्रकार असंख्य प्रकार के सामानों को वहाँ रखा जाता है, कल्पना करें अगर सामानों को इस प्रकार निश्चित स्थान पर न रखा जाए तो क्या स्टोर का प्रबंधन किया जा सकेगा?

❖ आज से ही एक नई आदत बना लें जब भी आपको कोई अनावश्यक कागज मिले तो उसे तुरंत ही फाड़ कर फेंक दें।

अध्याय - 10

हार्ड वर्क (कठोर परिश्रम) अच्छा है लेकिन स्मार्ट वर्क (समझदारी से किया गया काम) और भी ज्यादा अच्छा है

''आपके भविष्य का रहस्य आपके प्रतिदिन की आदतों में छिपा हुआ है।'' : माइक मरडौक

एक बार की बात है एक मुहल्ले में दो लकड़हारे रहा करते थे। दोनों अपनी आजीविका चलाने के लिए लकड़ियाँ काटा करते थे। इन 2 लकड़हारों में से एक हमेशा अधिक लकड़ियाँ काटा करता था। इस पर दूसरे लकड़हारे ने सोचा कि वह अब से लकड़ियाँ काटने में ज्यादा समय देगा, इससे वह ज्यादा मात्रा में लकड़ियाँ काट पाएगा और लकड़ी काटने के मामले में पहले लकड़हारे से आगे निकल जाएगा। पहले उसने काम में एक घंटे को बढ़ाया फिर भी वह पहले लकड़हारे से पीछे ही रहा। अब उसने अपने काम में दो घंटे बढ़ाए पर पहले लकड़हारा तो क्या वह जितनी लकड़ियां पहले काटता था अब उससे भी कम लकड़ियाँ काट रहा था। वह निराश हो गया और उसने निश्चय किया कि वह पहले वाले

लकड़हारे से पूछेगा कि वह ऐसा चमत्कार कैसे कर लेता है? अगली सुबह वह पहले वाले लकड़हारे के सामने अपना प्रश्न रखता है। इस पर पहला लकड़हारा बताता है कि 2 घंटा लगातार लकड़ियाँ काटने के बाद वह रूकता है और अगले 30 मिनट वह अपनी कुल्हाड़ी की धार तेज करने में लगाता है, क्योंकि जैसे–जैसे वह लकड़ियाँ काटता जाता है वैसे–वैसे कुल्हाड़ी की धार भी कम होती जाती है अगर वह अपना काम उसी कुल्हाड़ी से जारी रखेगा तो एक वक्त ऐसा भी आएगा, जब वह एक भी लकड़ी नहीं काट पाएगा।

पहला लकड़हारा स्मार्ट वर्क (समझदारीपूर्वक किया गया काम) कर रहा था, जबकि दूसरा लकड़हारा सिर्फ हार्ड वर्क (मेहनत से किया गया काम) में ही विश्वास कर रहा था और परिणाम आपके सामने है। शोध से पता चलता है यदि आप किसी काम की अच्छी तरह से योजना बना लें (प्लानिंग कर लें) तो आप लगभग अपना 90 प्रतिशत तक का समय बचा सकते हैं। ऐसे ही यदि आप अपने काम में विशेषज्ञों की सलाह लें तो भी आप अपना बहुत सारा समय बचा सकते हैं, सरल शब्दों में कहा जाए तो हमे सिर्फ उन्ही कार्यों को करने पर जोर देना चाहिए, जिनमें हम माहिर हों और जो हमारे भविष्य पर सकारात्मक असर डालते हों, आप अन्य कामों के लिए, अन्य विशेषज्ञों की मदद लें, जो कि सबसे उचित रहेगा। उदाहरण के तौर पर अगर आप एक व्यवसायी हैं तो आपका मुख्य काम अपने व्यवसाय से सम्बन्धित बारीकियों को जानना है, उस व्यापार में, कैसे आप ग्राहकों को अच्छी और बेहतर सेवा प्रदान करें, साथ–ही–साथ यह भी कोशिश करनी होगी कि अपने लाभ प्रतिशत को भी बढ़ाएँ। आपका ज्यादा–से–ज्यादा समय इन्हीं कार्यों को करने में और सोचने में लगना चाहिए। आपके अन्य, कार्य जैसे कार चलाने के लिए आप एक ड्राईवर की सेवाएँ ले सकतें हैं, आपकी कानून संबंधी समस्याओं के लिए आप किसी अच्छे अधिवक्ता की सेवाएँ ले सकते हैं। आज के आधुनिक समाज में हर तरह के विशेषज्ञ मौजूद हैं, जरूरत बस इतनी है कि आप

अपनी विशेषज्ञता पर ध्यान दें और बाकी कार्यों में उन क्षेत्रों से जुड़े विशेषज्ञों की सहायता लें।

समय प्रबंधन से जुड़ी अमल योग्य उपयोगी बातें :

❖ ध्यान दें कि ऐसा कौन सा काम है जिस पर आप समय तो बहुत ज्यादा दे रहे हैं, साथ–ही–साथ बहुत ज्यादा मेहनत भी कर रहे हैं पर आपको मिलने वाले परिणाम घटते जा रहे हैं। क्या कोई और भी है जो उस काम को आपसे बेहतर और आपसे कम समय में कर रहा है, आप भी वो तरीका सीखिये और उस पर अमल करिए।

❖ ऐसा कौन–सा काम है यदि आपको दोबारा अवसर मिले तो आप उसे शुरू ही नहीं करते, उस काम को पहचानिए, और यदि वह काम आपके लिए ज्यादा मायने नहीं रखता तो उसे बंद कर दीजिये।

अध्याय - 11

बीता हुआ कल और आने वाला कल दोनों पर हमारा नियंत्रण नहीं है, हमारा नियंत्रण सिर्फ आज पर है

''पीछे मत देखो और भविष्य का सपना भी मत देखो। इससे न तो बीता हुआ समय वापस मिलेगा और न ही तुम्हारे सपने पूरे होंगे। आपका कर्तव्य, आपका पुरस्कार और आपका भाग्य वर्तमान क्षण में मौजूद है।'' : डैग हैमरस्कोल्ड

कितना अच्छा होता अगर हम बीते हुए वक्त में वापस जा सकते और अपने द्वारा की हुई गलतियों को सुधार सकते और ये भी कितना अच्छा होता कि हम आने वाले वक्त में पहले ही पहुँच जाते और सब कुछ अन्य लोगों से पहले ही कर देते!

क्या ऐसा संभव है ? बिल्कुल भी ''नहीं''।

इस संसार में प्रभु ने हर तरह के इंसान बनाए कुछ काले, कुछ गोरे, कुछ लंबे कुछ नाटे इत्यादि, पर इन सभी को प्रभु ने दिन में 24 घंटे का ही समय दिया, अब ये इनके ऊपर है कि या तो इस समय का, उस दिन का सदुपयोग करें या उसे ऐसे ही बेकार चले जाने दें। हमें यह

फैसला लेना है कि उस एक दिन के उन 1440 मिनटों का हम क्या करेंगे।

न्यूटन के एक सिद्धान्त के मुताबिक जब भी कोई वस्तु गति में रहती है वह गति में बनी रहती है और अगर कोई वस्तु एक निष्क्रिय अवस्था में है तो वह निष्क्रिय अवस्था में ही बनी रहेगी जब तक की उस पर कोई बाहरी बल न लगाया जाए। मैंने पाया है न्यूटन का यह सिद्धांत सिर्फ वस्तुओं पर ही नहीं, बल्कि इंसान के द्वारा किए जाने वाले कार्यों पर भी उतना ही कारगर है, जो कि हमारी सबसे आम समस्या में दिखाई देती है कि जब भी हम कोई काम करना शुरू करते हैं तो उस काम में हमारा मन भी नहीं लगता और इसी कारण हमारी एकाग्रता भी नहीं बन पाती। पर राल्फ वाल्डो इमरसन ने कहा है कि कार्य शुरू करिए और आपको कार्य करने की ऊर्जा अपने आप मिल जाएगी।

अनेक बार हम सिर्फ यह सोचकर काम करना शुरू नहीं करते की कहीं बीच रास्तें में कोई मुश्किल न आ जाए, जब हम अपने घर से कहीं जाने के लिए निकलते हैं तो हम यह उम्मीद नहीं कर सकते कि रास्ते में मिलने वाले सभी ट्रैफिक, सिग्नल की बत्तियाँ हरी हों, जब हम वहाँ तक का फासला तय करते हैं, तभी हमें पता चलता है कि ट्रैफिक सिग्नल हरा था या नहीं और यदि यह हरा नहीं है तो हम कुछ देर इसके हरा होने का इंतजार करते हैं और फिर अपनी मंजिल की ओर आगे बढ़ते हैं।

मैंने कहीं पढ़ा था कि जब आपका काम करने में मन न लगे तो मशीनों से प्रेरणा लें और मशीन बन जाएँ। अपने लक्ष्य की दिशा में आगे बढ़ने के लिए आप जो भी कर सकते हैं करें सिर्फ एक दिन नहीं बल्कि हर दिन।

क्या आपने कभी किसी मशीन को यह कहते हुए देखा कि मेरा इस काम में मन नहीं लग रहा या मैं बोर हो रहा हूँ या मेरा मूड नहीं है इत्यादि?

मशीन ऐसे कोई भी बहाने नहीं करती, इसलिए इसकी उत्पादकता इतनी ज्यादा होती है।

तो जब भी किसी कार्य को करने में मन न लगे तब मशीन बन जाएँ और अपना काम शुरू करें और उसे करते रहें। इस तरह न सिर्फ आपकी उत्पादकता बढ़ जाएगी, बल्कि आप अपने 24 घंटे का सर्वोत्तम लाभ उठा पाएंगे। और नाईक कंपनी के विज्ञापन के स्लोगन को न भूलें "just do it" यानि की इसे बस कर दें।

समय प्रबंधन से जुड़ी अमल योग्य उपयोगी बातें:

❖ एक सवाल जो आपकी सहायता कर सकता है "मेरे समय का सबसे मूल्यवान इस्तेमाल क्या है?" इस सवाल का जवाब हमारे लिए यह स्पष्ट करेगा कि हमारे समय का सबसे मूल्यवान इस्तेमाल क्या है? क्योंकि हम एक समय में केवल एक ही काम कर सकते हैं। इमरसन का वाक्य याद रखें कार्य शुरू करिए और आपको कार्य करने की ऊर्जा अपने आप मिल जाएगी और मशीनों से प्रेरणा लें और बहाने छोड़कर काम में लग जाएँ।

अध्याय - 12

फालतू के विचारों को दिमाग से बाहर निकाल फेंके और समय बचाएं

''रुकिए मत क्योंकि किसी भी काम को करने के लिए सबसे सही समय कभी भी नहीं होगा।'' : नेपोलियन हिल

एक देश में एक सर्वेक्षण हुआ, सर्वेक्षण का विषय था ''लोगों के दिमाग में आने वाले नकारात्मक विचारों के परिणाम''। इस सर्वेक्षण में लगभग 1000 लोगों को शामिल किया गया और इस सर्वेक्षण के परिणाम चौंकाने वाले थे।

उन नकारात्मक विचारों/कल्पनाओं में से 85 प्रतिशत कोई भी घटनाएँ कभी घटित ही नहीं हुई। 8 प्रतिशत घटनाएँ ऐसी घटित हुई जिन्हे समझदारीपूर्वक प्रतिक्रिया करने पर रोका या बदला जा सकता था। 7 प्रतिशत घटनाएँ ऐसी थी जिन पर मनुष्य का कोई नियंत्रण नहीं था।

अगर हम इस सर्वेक्षण को गौर से देखें तो हम पायेंगे कि 1000 में

से 850 बार वैसी नकारात्मक घटनाएँ होंगी ही नहीं, जिनकी हम कल्पना कर रहे हैं। सरल शब्दों में हमारे सफल होने की संभावनाएं बहुत ज्यादा हैं, पर इस डर के कारण कहीं हम असफल न हो जाएँ, हम कार्य करना शुरू ही नहीं करते और अपना बहुत सारा समय चिंता करने में नष्ट कर देते हैं।

इस समस्या का सबसे अच्छा समाधान गीता से मिला यह उपदेश है : ''कर्म कर, फल की अपेक्षा मत कर''।

कर्म करने का मतलब यहाँ पर अपनी छोटी—मोटी कोशिश से नहीं है, बल्कि अपना सर्वोत्तम और अपना सबसे सार्थक प्रयास है, जिसमें आप एकाग्रता के साथ अपना सब कुछ झोंक देते हैं, बिलकुल उस राजा की तरह जिसने नदी के किनारे पहुँचने पर अपनी सेना को नाव जलाने के आदेश दिये, जिससे उसकी सेना के मन में मैदान छोड़ने का विकल्प ही खत्म हो जाए और सभी की निगाह सिर्फ और सिर्फ विजय पर हो।

समय प्रबंधन से जुड़ी अमल योग्य उपयोगी बातेंः

❖ अगर आप ज्यादा कमाना चाहते हैं तो आपको ज्यादा सीखना भी पड़ेगा, प्रत्येक 5—7 वर्षों में जानकारी दोगुनी होती जा रही है इस गति को बरकरार रखने के लिए आपको न्यूनतम प्रतिदिन 1 घंटे अध्ययन करना होगा और बेहतर होगा कि आप जिस क्षेत्र से जुड़े हैं, उस क्षेत्र में अध्ययन करें।

अध्याय – 13

अगर टालना ही है तो कम महत्वपूर्ण कामों को टालें

''समय की कमी नहीं पर सही दिशा का अभाव सबसे बड़ी समस्या है, क्योंकि हम सभी के पास दिन में 24 घंटे ही होते हैं। : जिग जिगलर

शायद इस धरती के सबसे दुखदाई शब्द ये हैं ''मैं इसे कर सकता था पर मैंने इसे नहीं किया''। हमारा वर्तमान जीवन हमारे अब तक के (अतीत में) लिए गए निर्णयों का परिणाम है और हमारा भविष्य, हमारे द्वारा वर्तमान में लिए जाने वाले निर्णयों का परिणाम होगा।

यहाँ पर मैं उन्हीं निर्णयों की बात कर रहाँ हूँ, जिन पर अमल भी किया गया (कर्म किया गया) अगर निर्णय पर अमल न किया जाए (कर्म नहीं किया जाए) तो वह सोच से अधिक कुछ नहीं है।

एक विद्यार्थी टी.वी. देखने और खेलने के काम को या तो परीक्षा के बाद के लिए टाल दे और अच्छे अंक प्राप्त करे या फिर अभी क्षणिक आंनद लेने के लिए इसे अभी करे और परीक्षा में इसके दुष्परिणाम भुगते।

अगर आपको अपना भविष्य बदलना है तो आपको आत्म–अनुशासित होना होगा और भले ही मन करे या न करे आपको उन महत्वपूर्ण कामों को करना होगा, जिनसे आपका भविष्य उज्ज्वल हो और

जब समय कम हो और आपके पास प्रलोभन हो कि या तो कोई आसान और मनोरंजक काम करके निकल जाया जाए या कोई कठिन महत्वपूर्ण काम किया जाए, जब ऐसी स्थिति आए तब महत्त्वपूर्ण कार्य करने का निर्णय लें। क्योंकि आपकी सफलता से न सिर्फ आपकी प्रगति होगी, बल्कि इसके कारण आपसे जुड़े हुए लोगों की भी प्रगति होगी। हो सकता है आपके बेटे या बेटी को यह बताने में गर्व हो कि आप उनके पिता हैं या ऐसा भी हो सकता है कि आपके कार्यों के लिए आपके माता–पिता को आप पर गर्व हो, या आपकी पत्नी को आप पर गर्व हो, पर ऐसा तभी होगा जब आप महत्त्वपूर्ण कार्य करने का विकल्प चुनेंगे और कम महत्त्वपूर्ण कार्यों को टालेंगे।

समय प्रबंधन से जुड़ी अमल योग्य उपयोगी बातें:

❖ सकारात्मक टाल–मटोल या नकारात्मक टाल–मटोलः व्यक्ति को चाहिए कि वे कम मूल्य वाले कार्यों को करने से परहेज करें या उस काम के साथ टाल–मटोल करने की बजाए इसके कि वो सबसे महत्त्वपूर्ण काम के संदर्भ में टालमटोल करें, कार्य या तो बहुत ही जरूरी होता है जिसे अभी करना आवश्यक होता है और कुछ कार्य महत्त्वपूर्ण होते हैं, जिनके करने पर हमारा भविष्य उज्ज्वल होता है।

❖ डब्लू क्लेमेंट स्टोन ने टालमटोल को दूर करने का फॉर्मूला सुझाया था do it now यानि की ''इसे अभी करें''।

❖ प्रभावकारी लोग प्राथमिकता तय करने के तो उस्ताद होते ही हैं। साथ–ही–साथ वे हर काम को जल्द–से–जल्द निपटाने में भी माहिर होते हैं और ऐसे लोग हर क्षेत्र में शिखर पर पाए जाते हैं।

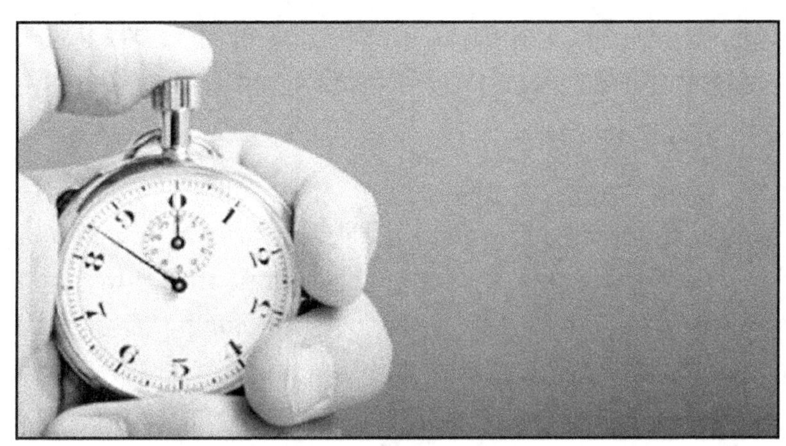

अध्याय - 14

काम को निश्चित समय पर करने की आदत डालें

''दौड़ना काफी नहीं है, समय पर चलना भी पड़ता है।'' : फ्रांसीसी कहावत

यदि आप सफल लोगों की जीवनी पढ़ें तो आप पाएंगे कि उनमें एक खास आदत होती है और वो आदत है कि वे समय के बड़े पाबंद होते हैं वे न सिर्फ जल्दी उठते हैं, बल्कि वे एक निश्चित समय पर कार्य कर लेते हैं वे जल्दी उठते हैं क्योंकि उन्हें पता होता है कि उन्हें अपने लक्ष्यों को पूरा करने के लिए आम लोगों से पहले जागना पड़ेगा, क्योंकि हमारी तरह ही उनके पास भी अन्य दैनिक जिम्मेदारियाँ और समस्याएँ तो होती ही हैं पर वे जल्दी उठते हैं ताकि वे इन दैनिक कामों को पूरा करने के लिए, अतिरिक्त, समय निकाल सकें और काम पूरा करने के बाद समझदारी से, बचाए हुए समय का सदुपयोग, वे अपने सपने, अपने लक्ष्यों को पूरे करने में इस्तेमाल कर सकें।

जब आप किसी भी काम को निश्चित समय पर करने की आदत डालतें हैं तो इस बात की संभावना बढ़ जाती है कि आपकी आदत बनी

रहेगी और यह आदत सफलता के दृष्टिकोण से भी अच्छी है। लोग सफल तभी बनते हैं जब वे अपनी दिनचर्या में सफल आदतों को शामिल करें।

सुबह उठकर व्यायाम करना, अच्छा पौष्टिक भोजन ग्रहण करना, अपने विकास के लिए किताबों का अध्ययन करना, इत्यादि सफल लोगों की सफल आदतें होती हैं। जबकि घंटों–घंटो बैठकर टी.वी. देखना या गाने सुनना, बेवजह इधर–उधर घूमना, फिजूल की बातें करना और निरर्थक बहस करना असफल लोगों की आदतों में आती हैं। अब यह आपके ऊपर है कि आप इतने अनुशासित बनते हैं या नहीं, कि अच्छी आदतों को अपनाएं और अपने कार्यों को निश्चित समय पर अंजाम दें और परिणामस्वरूप सफल हों या निश्चित समय का ध्यान न रखें असफल आदतों को अपनाएं और असफल हों।

समय प्रबंधन से जुड़ी अमल योग्य उपयोगी बातें :

❖ समय के बड़े टुकड़े को लें यानी की 60 से 90 मिनट का समय, शोध से पाया गया है कि ज्यादातर महत्वपूर्ण काम को करने के लिए कम–से–कम लगातार 1 से 2 घंटे की जरूरत पड़ती है, बेहतर होगा कि आप सुबह जल्दी उठें और अपने सबसे महत्वपूर्ण काम को निपटा लें। इसी तरह आप ऑफिस खत्म होने के समय आप घर न जाकर, ऑफिस में देर तक रुक सकते हैं और अगले दिन के महत्वपूर्ण कामों को पहले ही निपटा सकते हैं।

❖ जब आप प्लेन/बस/ट्रेन में बैठे तो कोशिश करें कि आप खिड़की की तरफ बैठें ताकि कोई भी आपके काम में बाधा न डाल सके और आप कुछ महत्वपूर्ण काम कर सकें। जैसे कुछ पढ़ सकें या कुछ योजना बना सकें।

अध्याय - 15

लोगों को प्रोत्साहित करें कि वे आपके पास सिर्फ समस्याएँ ही नहीं उनके समाधान भी लेकर आएँ

''हम कहते हैं कि हमने समय को बर्बाद किया पर यह असंभव है दरअसल हमने तो खुद को बर्बाद किया।'' : एलिस ब्लोच

कितना सारा समय हम अपने नहीं बल्कि दूसरों द्वारा पैदा की गई समस्याओं के बारे में सोचकर बर्बाद करते हैं कि उनका समाधान कैसे किया जाए, और जब हम उन समस्याओं का समाधान करते हैं तो इससे होता यह है कि एक तो हम अपना कीमती समय नष्ट करते हैं और दूसरा यह कि हम उस व्यक्ति को अपने ऊपर पूरी तरह निर्भर बनाते हैं। और इससे होगा यह कि जब भी कोई समस्या पड़ेगी तो वह खुद यह नहीं सोचेगा कि इस समस्या से किस तरीके से बेहतर निपटा जा सकता है बल्कि, सीधे हमारे पास समस्या लेकर चला आएगा। और जब ऐसी स्थिति आएगी तो हमारे कामों का बोझ घटने के बजाए और बढ़ जायेगा और स्वभाविक रूप से हमारे पास महत्वपूर्ण कार्यों को करने के लिए बचा उपलब्ध समय भी कम होगा।

यह सिद्धांत न सिर्फ व्यापार में बल्कि परिवार में और लगभग

सभी जगह लागू किया जा सकता है, जब भी आपके पास कोई संभावित समस्या को लेकर आए तो उससे इसका समाधान भी पूछें। इससे उसकी रचनात्मकता भी बढ़ेगी और वह धीरे–धीरे खुद को इतना समाथ्र्यवान बना लेगा कि छोटी–मोटी समस्याएँ खुद ही हल कर लेगा और आपके कार्य का बोझ कम कर सकेगा जिससे आप अपने समय का इस्तेमाल और भी अधिक महत्वपूर्ण कामों को करने में कर सकें और सफल हो सकें। तो अभी से एक सिद्धांत बना लें कि आप लोगों को प्रोत्साहित करेंगे कि वे आपके पास सिर्फ समस्याएँ ही नहीं बल्कि उनके कुछ समाधान भी लेकर आएँ और जब आप ऐसा करेंगे तब आप लोगों को निर्भर नहीं आत्मनिर्भर बनाएँगे।

समय प्रबंधन से जुड़ी अमल योग्य उपयोगी बातें:

❖　एक नियम बना लें कि फिजूल के लोगों (ऐसे लोग जो यह सोचते हैं कि उनका समय महत्वपूर्ण नहीं है इसलिए आपका भी नहीं है / ये ऐसे लोग होते हैं जिनके जीवन का कोई लक्ष्य नहीं है) को अधिक–से–अधिक 15 से 20 मिनट का ही निश्चित समय देंगे उससे अधिक नहीं।

❖　जब भी आपके पास कोई अपनी समस्याएँ लेकर आए तो उससे पूछिये कि उसके हिसाब से उस समस्या का संभावित हल क्या है, कुछ देर रुकें और उन्हें सोचने दें, उनके जवाब देने के बाद ही अपने सुझावों / समाधानों को बताएं।

अध्याय - 16

समय सीमा निर्धारित करें

''समय बहुत कीमती है इसे समझदारी से बर्बाद करें।'' : अज्ञात

एक महान इंसान से पूछा गया कि कोई एक ऐसा स्थान बताएं जहाँ एक ही जगह पर और एक ही समय में सबसे ज्यादा प्रतिभाएँ मिलें। जो जवाब उस महान इंसान ने दिया उसे सुनकर प्रश्न पूछने वाला आश्चर्य में पड़ गया, और शायद आप भी आश्चर्य में पड़ जाएंगे क्योंकि उस जगह का नाम था कब्रिस्तान क्योंकि उस महान इंसान के अनुसार वहाँ इतने सारे लोग सोए पड़े हैं जिन्हे ईश्वर ने प्रतिभा तो बहुत दी थी पर उन्होंने सोचा कि वे आने वाले समय में इस प्रतिभा का इस्तेमाल करेंगें, वे टालते गए और टालते गए और एक दिन ऐसा भी आया जब उनके पास कोई समय शेष नहीं रह गया और आखिरकार वे कब्रिस्तान तक पहुँच गए।

बिलकुल यही स्थिति एक क्रिकेट मैच में भी होती है। चाहे वो मैच 50 ओवरों का हो या 20 ओवर का या फिर पाँच दिन का। मैच का परिणाम इतने ही समय में निकल सकता है। जैसे ही मैच की निर्धारित अवधि (50 ओवर या 20 ओवर या 5 दिन) समाप्त हुई, उसके बाद आप चाह करके भी उस मैच को जीत नहीं सकते।

टालमटोल की आदत से बचने का एक तरीका यह भी है कि आप हर महत्त्वपूर्ण काम को करने के लिए एक समय सीमा निश्चित करें, यह समय सीमा जल्द–से–जल्द होनी चाहिए। सरल शब्दों में लगभग उतना ही समय, जितना समय इस काम को करने में लगेगा। यदि काम फिर भी समय पर पूरा न हो पाए, तब समय की अवधि थोड़ी बढ़ा देनी चाहिए। पर खुद को अनुशासित कर लें कि हर काम को एक निश्चित समय सीमा में ही करेंगे। और जब यह काम पूरा हो जाए तो फिर अगले महत्त्वपूर्ण काम के लिए एक और समय सीमा निर्धारित करें। जब आप हर महत्त्वपूर्ण काम को एक निश्चित समय सीमा में करने की आदत डाल लेंगे तो जल्द ही आपकी गिनती समाज के सबसे सफल लोगों में होगी।

समय प्रबंधन से जुड़ी अमल योग्य उपयोगी बातें:

❖ **समय सीमा और इसके क्या परिणाम होंगे :** किसी भी कार्य को करने के लिए एक निश्चित समय सीमा निर्धारित करें और कोशिश करें कि वह काम उस निश्चित तय अवधि से पहले ही समाप्त हो जाएं, अगर उस अवधि में काम न हो पाए तो समय सीमा बढ़ा लें वैसे पार्किंसन लॉ/नियम के अनुसार अगर आपके पास समय कम हो तो इस बात की पूरी संभावना है कि उस काम को आप कम समय में ही कर लेंगे जैसा कि हम किसी लंबी यात्रा पर जाने से पहले अपने काम जल्दी–जल्दी निपटा लेते हैं। जबकि यदि आपके पास ज्यादा समय हो तो आप उस काम को आराम–आराम से करेंगे और एक छोटे से काम करने के लिए भी ज्यादा समय का इस्तेमाल करेंगे।

❖ हम ज्यादातर जो भी काम करते हैं वह कुछ–न–कुछ परिणाम पाने की अपेक्षा से करते हैं, ऐसे काम जिनके हमारे द्वारा टाले जाने की संभावना ज्यादा है उस काम के लिए हमें कोई ऐसा तरीका निकालना होगा, एक आदत डालनी होगी कि हम उस काम को करे, चाहे आपका तरीका जो भी हो। मुद्दे की बात यह है कि महत्त्वपूर्ण काम पूरा जरूर हो।

अध्याय - 17

थोड़ा समय निकालें और खुद को जानें

''कुछ भी करिए पर समय को नष्ट मत करिए (मारिए मत) क्योंकि समय आपको नष्ट कर रहा है। (मार रहा है)।'' : पॉल कोएलो

इस धरती की सबसे बड़ी विडंबनाओं में से एक यह भी है कि इंसान समाज, लोगों और चीजों के बारे में जानने का तो बहुत दावा करता है पर बहुत कम लोग ही खुद को जान पाते हैं।

जैसे कि हमारे मनुष्य रूपी जीवन का उद्देश्य, हमारे लक्ष्य, मजबूत पहलू, हमारी कमजोरियाँ इत्यादि।

इस भागम–भाग भरी जिंदगी में थोड़ा–सा समय निकालें, थोड़ा रुकें और देखें कि आप कहाँ पर हैं।

महान इंसान वे होते हैं, जिन्हे स्पष्ट रूप से पता होता है कि उनका इस धरती पर जन्म किसलिए हुआ। वे इस जीवन में क्या पाना चाहते हैं और वे इसे अपने जीवनकाल में प्राप्त भी कर लेते हैं।

हमारे मजबूत पहलू हमें बताते हैं कि हम कौन से कार्य करें, जिनसे हमें आसानी से बढ़त मिल जाए और हमारे कमजोर पहलू हमें

बताते हैं कि हमारे किन कामों में सुधार की जरूरत है। अगर हम अपने इन कार्यों में सुधार कर लें तो निश्चित रूप से बहुत आगे बढ़ जाएंगे।

जब हमें इन बातों का पता चल जाता है तो हम काफी जागरूक हो जाते हैं कि क्या हम अपने समय का इस्तेमाल उसी तरह कर रहे हैं जो हमारे जीवन मूल्यों से मेल खाते हैं। हमारे जीवन मूल्यों और हमारे कार्यों में जितनी सामानता होगी, हमारे आत्मविश्वास और खुशी का स्तर उतना ही ऊँचा होगा और जब ऐसा नहीं होगा तब हमारी खुशी और आत्मविश्वास कम हो जाएंगे।

समय प्रबंधन से जुड़ी अमल योग्य उपयोगी बातें :

❖　**महत्वपूर्ण परिणाम वाले क्षेत्र :** आपसे किन परिणामों की अपेक्षा है? आपको किसलिए काम पर रखा गया है? चाहे आप नौकरी करते हों या आपका खुद का व्यवसाय हो, कुछ ऐसी चीजें हैं, जिन पर आपकी आमदनी निर्भर करती है, वही चीजें आपका भविष्य तय करती हैं।

❖　यदि आप असमंजस में हैं कि मेरे महत्वपूर्ण परिणाम वाले क्षेत्र क्या हैं तो जाएँ अपने बॉस/नियोक्ता से पूछें और उसके बाद उन बिन्दुओं पर सबसे ज्यादा मेहनत करें।

अध्याय - 18

लापरवाही से काम करने पर बर्बाद होता है समय

''अगर आपके पास सही तरीके से काम करने का समय नहीं है, तो आपको इस काम को फिर से करने के लिए समय निकालना होगा।'' : रूसी कहावत

मेरी ही तरह शायद आपने भी कई बार यह गलती की हो, आपने अपनी शर्ट का पहला बटन गलत क्रम में बंद कर दिया हो और उसके बाद आप आगे के आने वाले सभी बटन को भी गलत क्रम में बंद करते गए और जब आप सबसे आखिरी बटन तक पहुंचे तो उसे लगाने के लिए कोई छेद ही शेष नहीं रह गया।

आप कितनी भी मेहनत कर लें पर आप किसी गलत शहर का नक्शा लेकर अपनी मंजिल तक नहीं पहुंच सकते (उदाहरण के लिए आप लखनऊ शहर में एक जगह को खोज रहे हों और आपके हाथ में दिल्ली का नक्शा हो, तो आप उस जगह को नहीं खोज पाएंगे, भले ही आप कितनी भी मेहनत करें) और किसी महान आदमी ने कहा भी है जब आप सफलता की सीढ़ियाँ चढ़ने के लिए मेहनत कर रहे हों तो यह सुनिश्चित कर लें की सीढ़ी सही दिवार पर टिकी हो।

कुछ ऐसा ही होता है जब हम कोई काम लापरवाही से करते हैं। बहुत बार काम को आधे अधूरे तरीके से करने पर उस काम में बहुत सारी

कमियाँ रह जाती हैं जिसे सुधारने के लिए उस काम में लगने वाले समय से कई गुना समय हमें उस काम को सुधारने में लग जाता है।

बेहतर होगा कि जब भी हम कोई काम करें तो उसे आधे अधूरे मन से करने के बजाए पूरे मन से और सबसे अच्छे तरीके से करें। उन कामों को करने में हमारे पास लेजर जैसा फोकस होना चाहिए। उदाहरण के लिए अगर आप ऑफिस में काम करते हैं तो आपको पूरी एकाग्रता से वहाँ काम करना चाहिए, नहीं तो आप ऑफिस का बचा हुआ काम घर ले आएंगे और परिवार को अपना कीमती समय नहीं दे पाएंगे जो आपके परिवार का अधिकार है।

सफल लोगों का एक गुण यह भी है कि वे छोटे–से–छोटे काम को भी सबसे अच्छे तरीके से और ध्यान लगाकर करते हैं। क्योंकि उनके हिसाब से कोई भी काम छोटा नहीं होता और जो भी काम किए जाने योग्य है वो सर्वश्रेष्ठ तरीके से किए जाने योग्य है। वैसे इंसान होने के नाते गलतियाँ तो होंगी पर कोशिश करिए की एक ही गलती दोबारा न हो।

बिल्कुल ऐसी ही स्थिति तब देखी जा सकती है जब हम कुछ पैसे बचाने के चक्कर में कोई सस्ता सामान खरीद लेते हैं, जिसे बनवाने में हमें न सिर्फ अधिक पैसे बल्कि, उससे भी ज्यादा हमारा मूल्यवान समय नष्ट होता है।

बेहतर होगा कि जब भी हम कोई सामान खरीदें तो उसकी गुणवत्ता को पहले ही ध्यान में रखें ताकि हमारे पैसों का अच्छा इस्तेमाल तो हो ही, साथ–ही–साथ हमारे कीमती समय की भी बचत हो।

समय प्रबंधन से जुड़ी अमल योग्य उपयोगी बातेंः

❖   मीटिंग्स / मुलाकातें

हममें से ज्यादातर लोगों को या तो लोगों से मिलने जुलने बाहर जाना पड़ता है या फिर ऑफिस से संबंधित मीटिंग्स में जाना पड़ता है, पर ज्यादातर मीटिंग्स समय की बरबादी ही साबित होते हैं। मीटिंग को आयोजित करने का एक उद्देश्य होना चाहिए, यह मान के चलिये की लेट (विलंब) करने वाला व्यक्ति आएगा ही नहीं और मीटिंग्स को समय पर शुरू और समाप्त करिए। मीटिंग्स का एक विशेष एजेंडा / कार्यसूची भी होनी चाहिए।

अध्याय - 19

पहले छोटे-छोटे हिस्सों में तोड़ें और फिर जोड़ें

''उस काम को कल के लिए ना छोड़ें जिसे आप आज ही कर सकते हैं।'' : बेंजामिन फ्रैंकलिन

मैंने पाया है कि जब हमें कोई भी बड़ा काम दिखता है तो उसे टालना स्वाभाविक हो जाता है और मैंने यह भी पाया कि जब काम बहुत बड़ा दिखाई दे तो उसे छोटे–छोटे टुकड़ों में बाटने से काम आसान हो जाता है। अपनी पहली पुस्तक ''राजलनीति'' को लिखने में मुझे 4 साल से भी अधिक का समय लगा, मैं व्यवस्तता के कारण इसे लिखना शुरू ही नहीं कर पा रहा था, फिर मैंने कुछ लाइनें लिखनी शुरू की, पहले तो मैं रुक गया था, पर मैंने निश्चय किया कि मैं प्रतिदिन कुछ–न–कुछ लिखूंगा। भले ही ये कुछ लाइनें/वाक्य ही क्यों न हों। जब मुझे लिखने की आदत पड़ गई तो मैंने एक पेज/पृष्ठ प्रतिदिन लिखना शुरू किया। काफी समय बीत गया और स्वाभाविक रूप से मेरे पास अच्छी मात्रा में लिखित सामग्री एकत्रित हो गई।

मेरी हर दिन की मेहनत से जो लेख इकट्ठे हुए थे, उन्हें मैंने संगठित और व्यवस्थित किया और उसे आखिरकार 'राजलनीति' पुस्तक का रूप दिया। 400–500 पेज की बड़ी पुस्तक लिखने में भी यह सिद्धांत

उतना ही कारगर है, जितना कि एक बड़े सिनेमा हाल युक्त मल्टीप्लेक्स को बनाने में। कम्प्यूटर की पढ़ाई करते वक्त भी हमें यह सिखाया गया था कि एक बड़े प्रोग्राम को लिखने की एक बेहतर तकनीक यह है कि उसे छोटे–छोटे खंडों में अलग–अलग बनाया जाए और आखिरकार इन सभी बने हुए अलग–अलग खंडो को एक साथ जोड़ दिया जाए। तो भविष्य में कभी भी किसी बड़े प्रोजेक्ट/परियोजना को देखकर घबराएँ नहीं, उन चीजों से शुरू करें जिन्हें आप आसानी से कर सकते हैं, उसके बाद आपकों एक गति मिल जाएगी और आप मुश्किल काम भी आसानी से कर पाएंगे।

समय प्रबंधन से जुड़ी अमल योग्य उपयोगी बातें :

❖   काम का बैच/समूह बनाएँ। शोध से यह पाया गया है कि जब भी आप कोई नया काम शुरू करते हैं तो आपका ज्यादा समय लगता है। जब आप दूसरी बार उसी काम को करते हैं तो लगने वाला समय अपेक्षाकृत कम हो जाता है। इसलिए बेहतर यही होगा कि आप एक समय में अलग–अलग काम न करें, बल्कि एक तरह के काम एक साथ करें और जब काम को उठाएँ तो उसे पूरा करके ही कोई नया काम शुरू करें, क्योंकि ऐसा न करने पर (एक काम शुरू करने और फिर उसे छोड़ देने पर) कई गुना ज्यादा समय लगता है। लर्निंग कर्व के नियमानुसार जब हम पहली बार कोई नया काम करते हैं, उसमें लगने वाले समय की मात्रा ज्यादा होती है पर जैसे–जैसे उस काम को करने में आप पारंगत होते हैं, उस काम में लगने वाला समय क्रमशः घटता जाता है। इसलिए काम शुरू करें और काम में तब तक लगे रहें जब तक, वह पूरा न हो जाए।

अध्याय – 20

समय के साथ खुद को अपग्रेड करें/सुधारें

''चाहे ये सबसे अच्छा समय है या ये सबसे खराब समय है, कुल मिलाकर हमारे पास इस्तेमाल करने के लिए यही समय है।'' : आर्ट बूचवाल्ड

आपने आखिरी बार अपने हाथों से चिट्ठी कब लिखी थी और पोस्ट की थी, आपने आखिरी बार पानी को ठंडा रखने के लिए घड़े का इस्तेमाल कब किया था, आपने आखिरी बार कब ऑडियो कैसेट बजाया था ?

शायद आप कहेंगे कि जमाना हो गया, दूसरा सवाल क्या आप दोबारा चिट्ठी लिखना, घड़े का इस्तेमाल करना या ऑडियो कैसेट का इस्तेमाल करना चाहेंगे। आपका जवाब होगा नहीं, क्योंकि आज हमारे पास एक ऐसी टेक्नोलॉजी है, जो पुरानी टेक्नोलॉजी से न सिर्फ काफी सुविधाजनक है, बल्कि उससे काफी बेहतर भी है। समय के साथ बदलाव आना ही चाहिए। शायद ही अब कोई चिट्ठी लिख कर भेजता हो, बहुत कम लोग ही अब घड़े का इस्तेमाल करते हैं।

दिमाग के साथ सबसे बड़ी समस्या यह है कि यह एक समय में

एक ही विचार सोच सकता है। आप एक समय में दो विचार एक साथ नहीं सोच सकते, नया काम करने के लिए, आपको पुराना काम छोड़ना होगा जैसे फ्रिज को इस्तेमाल करने के लिए आपने घड़े का इस्तेमाल बंद कर दिया, वैसे ही आपको पुरानी सोच को आधुनिक और बेहतर सोच से बदलना होगा। इसके लिए आपको लगातार सीखते रहना होगा।

मैंने इंटरनेट पर एक विदेशी दंतचिकित्सक के बारे में पढ़ा। जिन्हें एक नई प्रकार की दाँतों की सर्जरी के बारे में पता चला, जिससे वे काफी कम समय में मरीजों के दांतों को सुंदर बना सकते थे। उन्होंने इस सर्जरी को सीखने का निर्णय लिया और इस सर्जरी को सीखने के एक वर्ष के भीतर ही उनकी आय लगभग दोगुनी हो गई। निश्चित रूप से आपकी आय भी दोगुनी हो सकती है, यदि आप भी अपने क्षेत्र में खुद को विकसित करते रहे।

समय प्रबंधन से जुड़ी अमल योग्य उपयोगी बातें :

❖ अपने क्षेत्र से संबंधित किसी मासिक या साप्ताहिक पत्रिका से जुड़ें।

❖ व्यक्तिगत विकास जैसे सम्प्रेषण कला, आत्मविश्वास और आत्मसम्मान बढ़ाने की कला जैसे विषयों से संबंधित पुस्तकों का अध्ययन करें।

अध्याय - 21

टेक्नोलॉजी को आपने क्या बनाया अपना दोस्त या दुश्मन?

''जिस प्रकार सोने का एक धागा बहुत ही कीमती होता है उसी प्रकार हमारे जीवन का एक–एक सेकंड बहुत कीमती है।'' : जॉन मेसन

इंटरनेट ने इस संसार की दूरियों को लगभग खत्म कर दिया है। पलक झपकने की देर नहीं हुई कि विडियों कॉलिंग के माध्यम से हम विश्व के दूसरे कोने में बैठे व्यक्ति से तुरंत संपर्क साध सकते हैं और आमने–सामने बैठकर बात कर सकते हैं। इसी प्रकार किसी भी विषय में कोई जानकारी प्राप्त करने के लिए हमें घंटो लाइब्रेरी/पुस्तकालय में बैठने की कोई आवश्यकता नहीं है। हम बस इसे अपने कम्प्यूटर के कुछ बटन दबाकर क्षण भर में खोज सकते हैं। वर्तमान समय में पूरी दुनिया आपके मोबाइल और लैपटॉप के माध्यम से आपकी उँगलियों पर है।

यह तो है टेक्नोलॉजी का सकारात्मक पहलू। पर इसका एक नकारात्मक पहलू भी है जिसका सबसे ज्यादा असर हमारे कीमती समय पर पड़ता है। सोशल नेटवर्किंग साइट्स जैसे फेसबुक, ट्विटर पर कैसे आपके घंटो समय बीत जाएंगे, आपको पता ही नहीं चलेगा। इसी प्रकार यूट्यूब, जिस पर आप मनोरंजक विडियो देखकर अपना समय बर्बाद कर सकतें हैं। सूची बड़ी लंबी है, सिर्फ वेबसाइट ही नहीं बल्कि व्हाट्सऐप

जैसे आधुनिक एप्लिकेशन उपयोगी तो हैं, पर यदि आप उनका सिर्फ मनोरंजन के लिए इस्तेमाल करें तो यह आपके कीमती समय को सिर्फ बर्बाद ही करेगा।

अब यह हमारे ऊपर है कि हम टेक्नोलॉजी का इस्तेमाल अपने फायदे के लिए करके इसे अपना दोस्त बना रहे हैं या इसे सिर्फ अपने मनोरंजन के लिए इस्तेमाल करके अपना दुश्मन बना रहे हैं।

जब मैं लॉ का विद्यार्थी था तो मेरी व्यवस्तता बहुत ज्यादा थी, और मुझे पढ़ाई करने के लिए समय बिल्कुल भी नहीं मिल रहा था। तब मैंने टेक्नोलॉजी का इस्तेमाल किया और मैंने अपने मोबाइल फोन के साउंड रिकार्डर की सहायता से, अपने लॉ के उस सेमेस्टर की सभी किताबों के मुख्य अंश पढ़कर, अपनी आवाज में रिकार्ड कर लिए। इसके बाद जब भी मुझे खाली समय मिलता चाहे दुकान में या घर में, मैं अपने मोबाइल फोन में इयरफोन लगाकर उस किताब को सुन लेता था। खाली समय का मैंने जबर्दस्त लाभ उठाया और इसके लिए मुझे सिर्फ एक बार ही मेहनत करनी पड़ी और यह संभव हुआ टेक्नोलॉजी की वजह से और आखिरकार मैंने अपनी लॉ की शिक्षा सफलतापूर्वक पूरी कर ली। जिसमें टेक्नोलॉजी का बहुत बड़ा योगदान है।

समय प्रबंधन से जुड़ी अमल योग्य उपयोगी बातें :?

❖ **टेलीफोनः** टेलीफोन मुख्यतः एक बिजनेस उपकरण है, ज्यादातर लोग इस सुविधा का दुरुपयोग करते हैं, इसमें भी आप चाहें तो आप अपने कॉल को बैच कर सकते और उन्हें आप लंच टाइम पर या शाम में काम खत्म होने पर, आप आए हुए सभी फोन को एक साथ दोबारा फोन कर सकते हैं। फिजूल के लोगों से फोन पर बात करते वक्त आप सीधे पूछें कि मैं आपकी क्या सहायता कर सकता हूँ या मैं आपके लिए क्या कर सकता हूँ?

❖ फोन पर बात करते वक्त भी आपके पास एक उद्देश्य या अजेंडा/ कार्यसूची होनी चाहिए। बस यह मान लीजिए कि आप तारों के माध्यम से एक मीटिंग कर रहे हैं।

❖ एक और महत्त्वपूर्ण बात कभी भी फोन पेन और कागज के बिना न उठाएँ और जो भी बात महत्वपूर्ण हो उसे लिख लें, और उसे भविष्य के लिए सुरक्षित कर लें। अगर आप व्यवसायी हैं तो ऐसा न करने पर आपको लाखों हजारों रुपए का नुकसान हो सकता है।

अध्याय – 22

जानें क्या नियंत्रण में है और क्या नियंत्रण से परे

''अगर आपको अपने जीवन से प्यार है तो समय बर्बाद बिल्कुल भी न करें क्योंकि जीवन समय से ही बना है।'' : ब्रूस ली

क्या आप पांच साल पीछे जा सकते हैं ? क्या आप अपनी जबान से निकली हुई बात को वापस ले सकते हैं ? क्या आप सिर्फ सोचने से ही तुरंत एक सेकंड के भीतर 1000 किलोमीटर दूर किसी शहर (जैसे मेरे लिए दिल्ली शहर) में भौतिक रुप से पहुँच सकते हैं ? इत्यादि

इन सभी प्रश्नों के उत्तर हैं बिल्कुल ''नहीं''। हम अपना बहुत सारा समय अपने द्वारा की गई पिछली गलतियों के बारे में अफसोस करने में बिताते हैं। साथ–ही–साथ हम यह सोचने में भी अपना बहुत सारा समय बर्बाद करतें है कि काश हमने ऐसा न किया होता या काश हमने ऐसा किया होता। पर यह संभव नहीं कि हम बीते हुए समय में वापस जा सकें।

जब भी आपके सामने कोई असमंजस या कोई समस्या आए तो खुद से पूछें कि क्या यह मेरे नियंत्रण में है? क्या मैं इस विषय में कुछ कर सकता हूँ?

अगर यदि इन प्रश्नों के उत्तर ''हाँ'' है तो उससे जुड़े संभावित कदम उठाएँ और यदि इन प्रश्नों के उत्तर ''नहीं'' हैं यानि कि आप इन विषयों में कुछ नहीं कर सकते तो इसे प्रभु पर छोड़ दें और उनसे सहायता मांगे कि वे हमारा कल्याण करने के साथ–साथ हमारा मार्गदर्शन भी करें।

इससे आपका नजरिया स्पष्ट हो जाता है और आप जागरुक हो जाते हैं कि आप अपने कीमती समय का सार्थक इस्तेमाल कर रहे हैं या नहीं और जब आपको पता चल जाए कि आप अपने समय का सार्थक इस्तेमाल नहीं कर रहे हैं तो तुरंत उस काम की ओर लौटें, जिससे आपके समय का सबसे सार्थक इस्तेमाल हो।

समय प्रबंधन से जुड़ी अमल योग्य उपयोगी बातें :

❖   **समयनिष्ठा :**

ज्यादातर लोग समय की कद्र नहीं करते, इसलिए वे कभी भी समय पर नहीं पहुँचते, अगर आप जिम्मेदार बनना चाहते हैं तो आपको समय का बहुत ध्यान रखना होगा। हर जगह समय पर पहुँचना होगा।

❖   आपकी छवि बस इसी बात से बदल जाती है कि आप हर जगह समय पर पहुंचे। इससे आपकी छवि एक जिम्मेदार व्यक्ति की बन जाएगी और जब प्रमोशन/पदोन्नति देने की बात आती है तो ऐसे ही लोगों को पसंद किया जाता है जो समय के पाबंद हों।

❖   महान कोच विंस लोमबारडी ने लोमबारडी टाइम की रचना की थी, जिससे उनका मतलब था कि उनके सभी खिलाड़ियों को निर्धारित समय से 15 मिनट पहले ही उपस्थित हो जाना था ताकि किसी भी प्रकार से टीम का कीमती समय बर्बाद न हो।

❖   यदि आप बॉस/नियोक्ता हैं तो भी अपने कर्मचारियों पर झल्लाएँ नहीं और उन्हे बेकार में इंतजार न कराएं।

अध्याय - 23

पैसों की अकाउटिंग की तरह समय की भी अकाउंटिंग करें

''जो समय बचातें हैं वो धन बचाते हैं और बचाया हुआ धन कमाए हुए धन के बराबर है।'' : महात्मा गांधी

बचपन में हमारे बड़े हमें सीखाते हैं और समझाते हैं ''देखो बेटे, यह पैसा है, इसे बड़ी ही मुश्किल से कमाया जाता है, इसलिए इसे बहुत ही संभाल कर रखो और बहुत ही समझदारी से इस्तेमाल करो। पर क्या हमारा परिवार, हमें उसी तरह की हिदायत, अपनी उससे भी मूल्यवान संपत्ति यानी कि हमारे कीमती समय के बारे में भी देते हैं, कुछ परिवारों को छोड़ दिया जाए तो अधिकांश परिवार अपने बच्चों को यह सीखाना भूल जाते हैं।

हम सभी को यह बात कभी नहीं भूलनी चाहिए कि समय पैसे से भी ज्यादा कीमती है। आप पैसे तो और अधिक पा सकतें हैं, लेकिन अधिक समय नहीं पा सकते। इसलिए जितनी सावधानी से पैसों का हिसाब–किताब रखते हैं, उतनी ही सावधानी हमें अपने कीमती समय पर भी बरतनी चाहिए, हमे इन सभी सवालों के जवाब पता होते हैं : हमारा

पैसा कहाँ रखा है? कितना पैसा कहाँ से आया और कहाँ गया? पर समय से जुड़े इन सवालों के जवाब हमें शायद ही पता हों : हमारा समय कहाँ खर्च हो रहा? हमारे दिन का अधिकांश समय किस चीज में इस्तेमाल हो रहा है? छोटी–मोटी दैनिक दिनचर्या जैसे नहाने धोने से लेकर, बड़े कामों में लगने वाले समय पर ध्यान दें कि आप उस काम को करने में कितना समय लगा रहे हैं। क्या उस काम को करने के लिए उतना समय देना उपयुक्त है या इससे भी कम समय में उस काम को किया जा सकता है? जब आप अपने समय के हिसाब–किताब का लेखा–जोखा रखने लगेंगे तो आप जागरूक हो जाएंगे कि क्या आप अपना समय सबसे महत्त्वपूर्ण कामों को करने में इस्तेमाल कर रहे हैं या सबसे महत्त्वहीन कामों को करने में।

समय प्रबंधन से जुड़ी अमल योग्य उपयोगी बातें :

❖ **समय अभिलेख :**

  नजर रखें की आपका समय कहाँ खर्च हो रहा है या आपका समय कहाँ जा रहा है, आम लोग महीने या साल के संदर्भ में सोचते हैं। पर उनसे ज्यादा सफल लोग सप्ताह के हिसाब से सोचते हैं और सबसे सफल लोग घंटे या मिनटों के परिप्रेक्ष्य में देखते हैं।

❖ कोई भी योजना बनाने के लिए कागज पर सोचें।

❖ समय बचाने के लिए 4जी इंटरनेट या ब्रॉडबैंड कनेक्शन का इस्तेमाल करें। क्योंकि धीमी गति का इंटरनेट हमारे कीमती समय को नष्ट करता है।

अध्याय – 24

''ना'' कहना सीखें

''समय कभी नहीं मरता सिर्फ लोग मरते हैं।'' : जे.एफ. लॉटन

कितनी बार ऐसा होता है कि हम चाहते हुए भी किसी को ना नहीं कह पाते जबकि हमें पता है कि हम वो काम बिल्कुल भी नहीं कर सकते हैं या नहीं करना चाहते पर कहीं वे बुरा ना मान जाएँ, इसलिए हम मजबूरन मन मारकर काम करते हैं और इस कारण हम वो काम अच्छी तरह से नहीं कर पाते हैं और जब तक हम वो काम करते हैं, हमें लगातार अफसोस होता है कि हमने हाँ क्यों कहा।

''नहीं'' जितना जल्दी कह सकते हो कहें, प्यार से कहें पर साफ–साफ कहें, यह जीवन आपका है, अगर आप जीवन में आगे बढ़ना चाहते हैं और सफल होना चाहते हैं तो इसमें आपको अपने कीमती समय को लेकर थोड़ा स्वार्थी होना पड़ेगा।

आप चाहें तो हाँ करने से पहले सोचने का समय लें, आप हाँ कहने के बाद के सभी परिणामों को जांचे, जांचने के बाद आप ज्यादातर परिस्थितियों में पाएंगे कि आपका ना कहना ही बेहतर है और जब आप

ना कहेंगे तो सामने वाले को बुरा भी नहीं लगेगा, क्योंकि आपने शांतिपूर्वक उनके प्रस्ताव पर सोचा और विचार किया है।

समय प्रबंधन से जुड़ी अमल योग्य उपयोगी बातें :

❖ प्रत्येक आदत को डालने में समय लगता है ''न'' कहने की आदत को डालने में भी समय लगेगा पर इस लाभकारी आदत को डालने की कोशिश जल्द–से–जल्द करें।

❖ स्पष्टता आधी बीमारी का इलाज है और स्पष्ट लक्ष्यों को नापा जा सकता है, इसलिए जो भी आप करना या पाना चाहें उस बारे में बिल्कुल स्पष्ट रहें।

अध्याय - 25

मुश्किल कामों में भी निपुण बनें ताकि उन्हें टालना न पड़े

''जो काम कभी भी किया जा सकता है वह कभी भी नहीं किया जाएगा।'' : स्कौटिश कहावत

2000 के दशक की शुरुआत में, मैं कक्षा 8 में था और उस वक्त स्कूल में पढ़ाया जा रहा कम्प्यूटर विषय मुझे बिल्कुल भी अच्छा नहीं लगता था। क्योंकि सभी विषयों की तरह मैं उसमें भी अच्छा नहीं था पर मुझे कुछ ऐसे अध्यापक मिले जिन्होंने मुझ पर काफी मेहनत की और कम्प्यूटर विषय में मेरा आधार मजबूत किया और एक समय ऐसा भी आया जब मेरे लिए उस समय स्कूल में पढ़ाई जा रही कम्प्यूटर की प्रोग्रामिंग भाषा मेरे बाएँ हाथ का खेल बन गई और क्योंकि मैं इसमें माहिर खिलाड़ी बन गया था। इसलिए मैंने कम्प्यूटर विषय से दूर भागना बंद कर दिया और इसके बारे में अधिक–से–अधिक जानना चाहता था। क्योंकि अब इसमें मेरी रूचि जाग गई थी और शायद यही कारण था कि मैंने कम्प्यूटर के क्षेत्र में अपनी शिक्षा जारी रखी और BCA, A LEVEL (PGDCA), B LEVEL (MCA), CSSA, CSSP जैसे प्रमाण–पत्र प्राप्त किए।

कहने का अर्थ बड़ा ही सरल है कि जिस चीज को हम कठिन मानते हैं, हम उससे दूर भागते हैं और उसे टालते हैं, चीजों को आसान बनाने का तरीका है, चीजों को पहले समझना, फिर उसे करना और तब तक करना जब तक हम उसमें माहिर नहीं हो जाते।

कार चलाने को ही ले लीजिए। जब आप कार चलाना सीखना शुरू करते हैं तो आपको अपने हाथ का इस्तेमाल, गियर बदलने और स्टियरिंग घुमाने में करना पड़ता है, पैर का इस्तेमाल ब्रेक और क्लच को दबाने के लिए करना पड़ता है और आंखों का इस्तेमाल आगे–पीछे और दाएँ–बाएँ देखने के लिए करना पड़ता है, शुरू में तो यह बहुत ही कष्टकारी और असंभव सा कार्य मालूम देता है पर यदि हमारी कोशिश लगातार जारी रही तो समय के साथ–साथ यह भी हमारे बाएँ हाथ का खेल बन जाएगा और हम इसमें भी माहिर हो जाएंगे।

समय प्रबंधन से जुड़ी अमल योग्य उपयोगी बातें :

❖ ### टेलीफोन और आते–जाते लोग :

जब हम छोटे थे तब बेसिक / लैंडलाइन फोन चला करते थे और जब हमारे लिए फोन आता था तो हमारे माता–पिता या बड़े फोन उठाते थे और हमें बताते थे। पर जब हम बड़े हुए तो यह काम हम खुद करने लगे। क्योंकि मोबाइल फोन का दौर आ गया, टेलीफोन के साथ समस्या यह है कि बजती घंटी सुनकर हम खुद को नियंत्रित नहीं कर पाते और सब काम छोड़कर फोन उठाने में ही लग जाते हैं, हमारे पास इससे भी बेहतर विकल्प है। जरूरी काम करते समय हम अपना फोन बंद या साइलेट कर सकते हैं या समय मिलने पर दोबारा कॉल कर सकते हैं।

❖ ज्यादातर आते–जाते लोगों को अपने समय की कीमत का पता ही नहीं रहता और इसलिए वे सोचते हैं कि उन्हीं की तरह सभी का समय बेकार है, अगर वे आपसे कहें कि क्या आपके पास समय है, तो आप कहें माफ करिए फिलहाल अभी नहीं।

अध्याय - 26

मैदान में उतरेंगे तो शायद आप जीत भी जाएँ और यदि आप मैदान में नहीं उतरे तो आपकी हार तय है

''समय ही ऐसी चीज है जो हमें सबसे ज्यादा चाहिए होती है और समय ही ऐसी चीज भी है जिसका हम सबसे घटिया तरीके से इस्तेमाल करते हैं।'' : विलियम पेन

मेरी पहली पुस्तक राजलनीति में मैंने इसे ''सिर्फ मैदान में उतरने भर से हीं, कई बार सफलता आपको मिल जाती है'' अध्याय में लिखा था और मैं इसे यहाँ पर आपके साथ फिर बांट रहा हूँ।

''वर्ष 2011 में मैंने LL.B. में प्रवेश के लिए सेन्ट एन्ड्रूज कॉलेज में आवेदन दिया था। 1 महीने बीत गए थे, लेकिन कॉलेज की ओर से कोई एडमिट कार्ड / प्रवेश पत्र नहीं आया, 24 जुलाई 2011 को आर.जी.–टेक एजूकेशन का एक बड़ा प्रोग्राम था और मैं उसकी तैयारियों में जुटा था। 23 जुलाई 2011 को LL.B. की प्रवेश परीक्षा थी, 22 जुलाई 2011 तक भी एडमिट कार्ड नहीं आया था। मैं 22 जुलाई 2011 की दोपहर को सेन्ट एन्ड्रूज कॉलेज गया तालिब जी भी मेरे साथ थे, वहां पूछताछ की, तो पता चला की मेरी शिक्षा में BCA लिखा है। (मैंने BCA भी किया है) पर

कॉलेज के अनुसार LL.B. के लिए न्यूनतम आवश्यक शैक्षिक योग्यता BCA नहीं बल्कि BA या B.Com होना चाहिए। मैंने कहाँ कि ''हां, मैंने B.Com भी किया है''।   क्या मैं अभी डाकूमेन्ट/दस्तावेज जमा कर सकता हूँ? उन्होंने कहा– ''हाँ, लेकिन आज ही।''

मैं घर गया बीकॉम के मार्कशीट की फोटोकापी ली और सेन्ट एन्ड्रूज कॉलेज की ओर चल पड़ा।

सेन्ट एन्ड्रूज कॉलेज में मैंने फोटोकॉपी जमा की और अपना एडमिट कार्ड ले लिया। अब प्रश्न यह था कि परीक्षा में 12 घंटे से भी कम है, आर.जी.–टेक एजूकेशन के कार्यक्रम की तैयारियां भी करनी है और रेगुंलर पढ़ाई छोड़े हुए भी मुझे कई वर्ष भी हो गए हैं, मेरा मन असमंजस की स्थिति में था।

मैंने इस विषय में अपने पिताजी से परामर्श मांगा। पिता जी ने कहा, जाओ कुछ घंटो की बात है, परीक्षा नहीं दोगे तो सब कुछ जीरो हो जाएगा और दोगे तो शायद कुछ हो ही जाए। 23 जुलाई, 2011 को मैं संकोच करते–करते पेपर देने गया। परीक्षा हॉल में भी मेरे मन में आर. जी.–टेक एजूकेशन के अगले दिन होने वाले कार्यक्रम की बची हुई लंबी लिस्ट चल रही थी। फिर भी मुझे जो प्रश्न आते थे वो मैंने किये, जो नहीं आते थे उसे भी मैंने करने की कोशिश की। सब प्रश्न किये, कुछ छोड़ा नहीं। परीक्षा जैसे ही समाप्त हुआ। मैं तुरंत बचे हुए काम निपटाने के लिए चल निकला।

अगले दिन आर.जी.–टेक एजूकेशन का कार्यक्रम शानदार से भी ज्यादा शानदार रहा। कुछ समय बाद LL.B. प्रवेश परीक्षा का रिजल्ट निकला। मैंने सिर्फ सेन्ट एन्ड्रूज कॉलेज में ही फॉर्म भरा था। क्योंकि मेरे बाउजी भी सेन्ट एन्ड्रूज के स्कूल में पढ़ते थे और मेरे पिताजी ने भी LL.B. में यहीं एडमिशन लिया था। मेरा बाउजी ने मुझे कई बार यहाँ पर लिखा एक सन्देश बताया था — "prove all things hold fast which is good" इसलिये मेरी इच्छा भी थी की मैं यहीं पढ़ूं।

खैर मैं अपना रोल नंबर अखबार में खोज रहा था। मैंने नीचे से देखना शुरू किया और ऊपर तक देखा मुझे नहीं दिखा, मैं निराश हो

गया।

मैंने दोबारा देखने का निर्णय किया। इस बार ऊपर से पहला, दूसरा, तीसरा... दसवां, और ग्यारहवाँ। ''अरे! यह तो मेरा रोल नंबर है।''

यह सच है मेरा LL.B. में दाखिला हो गया, 11 वां स्थान मेरिट लिस्ट में, 100 में से 70 अंक, और इसके लिए मुझे क्या करना था, बस ''मैदान में उतरना था'' कहने का अर्थ बड़ा ही सरल है कि आप सही अवसरों का सिर्फ इंतजार करेंगे तो वो आपको कभी नहीं मिलेंगे, आपको हर बार मैदान में उतरना होगा। क्योंकि अगर आप मैदान में यदि उतरे तो शायद आप जीत जाएं और यदि आप मैदान में नहीं उतरे तो आपकी हार तय है और इंतजार करते रहना एवं मैदान में नहीं उतरना भी समय की बर्बादी है।

समय प्रबंधन से जुड़ी अमल योग्य उपयोगी बातें :

❖ ज्यादातर समस्याएँ अंदरूनी होती हैं यानि कि यह हमारी सोच द्वारा उत्पन्न होती हैं, बहुत से काम हमारे सामर्थ्य में होते हैं। पर हम उन्हें असफलता के डर से नहीं करते और इस कारण समय नष्ट हो जाता है, एक ऐसा मानसिक नजरिया विकसित करें जो आपको कर्म करने के लिए प्रेरित करे।

❖ खराब सेहत भी समय बर्बाद करती है। क्योंकि आप एकाग्र होकर कोई काम नहीं कर पाते। इसलिए व्यायाम की एक नियमित आदत बना लें ताकि आप शारीरिक और मानसिक रूप से स्वस्थ रहें और एकाग्र होकर अपना कीमती समय बचा सकें।

अध्याय - 27

समय तो बीतेगा ही पर क्या आपने इस बीतते हुए समय का इस्तेमाल किया?

''कुछ भी समय की बर्बादी नहीं है यदि आपने उस समय से मिले अनुभव का इस्तेमाल समझदारी से किया।'' : अगस्त रोडिन

2011 में जब मेरा लॉ में एड्मिशन हो रहा था तो मेरी उम्र लगभग 25 वर्ष थी और मेरे एक मित्र ने मुझसे कहा कि यार 2014 में जब तक लॉ की तुम्हारी पढ़ाई पूरी होगी, तब तक तुम 28 साल के हो जाओगे। मैंने उन्हें मुस्कुराते हुए जवाब दिया राकि अगर मैं लॉ की पढ़ाई न भी करूँ तब भी मैं 3 साल बाद 28 साल का हो जाऊंगा, समय तो वैसे भी बीतेगा ही। क्यों न मैं इसका कुछ इस्तेमाल कर लूँ।

मैं सिर्फ अपनी ही बात नहीं करूंगा ऐसे बहुत से लोग हैं जो

कहते है ''मेरे पास 5 साल तक इंतजार करने का समय नहीं है। क्योंकि 5 साल बाद मेरी उम्र 30 साल की होगी'' वे चाहे या न चाहे 5 साल देखते–ही–देखते बीत जाएंगे और वे 30 साल के हो जाएंगे, फर्क सिर्फ इस बात से पड़ेगा कि उन्होंने इस समय का इस्तेमाल किया या नहीं।

समय तो वैसे भी बीतेगा ही आप इसे पकड़ नहीं सकते, न ही रख सकते हैं, तो इसलिए यह कहना गलत नहीं होगा कि हम समय का नहीं अपने कार्यों का प्रबंधन करते हैं।

आपके पास दो विकल्प हैं या तो तेजी से भागते हुए समय को दबोचे और इसका सबसे अच्छा लाभ उठाएँ। यानि की समय के सार्थक प्रयोग के माध्यम से अपने लक्ष्य को प्राप्त करें या फिर इस आम बहाने को अपनाएं कि मेरे पास इंतजार करने के लिए इतना लंबा वक्त नहीं है और फिर समय आपको अपनी ताकत खुद दिखाएगा।

समय प्रबंधन से जुड़ी अमल योग्य उपयोगी बातें:

❖ **सफाई／Neatness:** हो सकता है कि आपकी स्मरण शक्ति तेज हो और आप यह कहें कि मुझे पता है कि कौन–सी चीज कहाँ रखी है, इसलिए आप अपनी मेज पर और अपने कमरे में सामान इधर–से–उधर फैला सकते हैं। पर शोध से यह पता चला है कि यदि आप अपनी मेज पूरी तरह साफ कर लें और सिर्फ उसी चीज को मेज पर रखें, जिसे आप वर्तमान समय में कर रहे हों तो आपकी उत्पादकता 20–40 प्रतिशत तक बढ़ जाती है।

❖ ऐसी चीजें जो काम की नहीं हैं और भविष्य में कभी उपयोग में नहीं आएंगी, उन्हें कूड़ेदान में फेंक दें।

❖ जो सामान या कागज जिस व्यक्ति से संबंधित है, आप उसे उस व्यक्ति को दे दें।

❖ आप उस सामान या कागज से कुछ करें चाहे उसे किसी निश्चित स्थान पर भेज दें।

❖ अगर वह कागज है तो आप उससे संबंधित फाइल में लगा सकतें हैं ताकि आप उसे भविष्य में इस्तेमाल कर सकें।

❖ एक और शोध के मुताबिक जब प्रोमोशन/पदोन्नति की बात आई तो बॉस/नियोक्ता ने कहा कि वे उस व्यक्ति को कभी प्रोमोट (पदोन्नति नहीं देंगे) नहीं करेंगे जिसका काम छितराया हुआ रहता है, बल्कि प्रमोशन के लिए उनकी पहली पसंद वह व्यक्ति होगा जो बेहतर तरीके से व्यवस्थित हो।

अध्याय – 28

सदैव सत्य के मार्ग पर चलें

"आप मिनटों का ख्याल रखें, घंटे अपना ख्याल खुद रख लेंगे।" :
लॉर्ड चेस्टरफील्ड

मैंने बचपन में टीवी पर एक कॉमेडी फिल्म देखी थी जिसका शीर्षक था "गोलमाल" जो वर्ष 1979 में रिलीज़ हुई थी, तत्काल सफलता पाने के लिए फिल्म के अभिनेता एक झूठ का सहारा लेते हैं फिर उस झूठ से बचने के लिए उन्हें फिर एक झूठ बोलना पड़ता है फिर एक और फिर एक और...। और झूठ की यह कतार बढ़ती ही चली जाती है।

झूठ बोलने से एक व्यक्ति की स्थिति वैसी ही होती है जैसे पतंग उड़ाते वक्त डोर की होती है जब एक बार यह डोर उलझनी शुरू होती है तो यह उलझती ही जाती है।

शायद आप सोच रहें होंगे कि "सत्य" और "समय प्रबंधन" का क्या लेना देना है। सत्य बोलने से समय की बचत होती है। अगर हम इस

फिल्म की ही बात करें तो अगर सत्य का प्रयोग किया गया होता तो न ही इतने झूठ बोलने पड़ते और न ही इतना समय बर्बाद होता।

झूठ बोलने से व्यक्ति हमेशा तनाव में रहता है कि कब उसके द्वारा बोला गया झूठ पकड़ा जाए। एक झूठे व्यक्ति को हमेशा याद रखना पड़ता है कि उसने किसी विशेष परिस्थिति में या किसी व्यक्ति विशेष से क्या कहा था क्योंकि वह हर बार अपने फायदे के हिसाब से कोई अलग बात कहता है जो कि पूरी तरह से असत्य होती है, जबकि सत्य बोलने वाले व्यक्ति के साथ ऐसी कोई बात नहीं होती। वह सदैव सत्य बोलने के कारण खुद के बारे में अच्छा महसूस करता है और इस कारण उसका आत्मविश्वास भी बढ़ जाता है।

प्रत्येक धर्म में भी मनुष्य को यही सीख दी गई है कि सत्य बोलना धर्म है और असत्य बोलना अधर्म इसलिए सदैव सत्य बोलकर धर्म के मार्ग पर चलें और समय बचाएं।

समय प्रबंधन से जुड़ी अमल योग्य उपयोगी बातें:–

❖ लोगो को इंप्रेस / प्रभावित करने के लिए असत्य न बोलें, हो सकता है आपको अल्प अवधि के लिए कुछ लाभ मिल जाए परंतु दीर्घ अवधि में इस झूठ से बचने के लिए आपको कई अन्य झूठ बोलने पड़ेंगे, इससे न सिर्फ आपकी विश्वसनीयता कम होगी, बल्कि किसी–न–किसी तरह से आप अपने समय को भी बर्बाद करेंगे।

❖ वास्तविकता को जानें और वास्तविकता को बताएं, आज के युग में सभी लोग समझदार हैं, आप क्या कहते हैं इस पर कम लोगो का ही ध्यान जाता है पर आप क्या करते हैं इस पर सभी का ध्यान जाता है, इसलिए बातें करने में समय बर्बाद न करें, कर्म करें और काम के बारे में सभी को अपने आप पता चल जाएगा।

अध्याय – 29

नकारात्मक लोगों से दूरी बनाएँ

"दुनिया की एकमात्र चीज जिसे दोबारा रिसाइकल नहीं किया जा सकता, वह है समय।" : अज्ञात

जब हम छोटे थे तब हमारे माता–पिता या हमारे बड़े इस बात का विशेष ख्याल रखते थे कि हम कोई ऐसी चीज न खाएं जिससे हमारी जान को कोई खतरा हो। और वे हमें ये भी समझाते थे की किसी भी अपरिचित की दी हुई चीज को न तो लें न ही खाएं। उनकी यह सोच बहुत अच्छी थी।

पर अधिकांश लोगों के माता–पिता जितना महत्व पेट से जुड़े आहार को देतें हैं उतना मस्तिष्क से जुड़ी खुराक को नहीं देते। पेट में अगर कोई जहरीली चीज डाल ली गई तो उसके असर तुरंत दिखने शुरू हो जातें हैं मगर मस्तिष्क में अगर कोई जहरीली चीज डाल ली गई तो उसके असर तुरंत नहीं दिखाई देते इसलिए लोग मस्तिष्क में जाने वाली

सामाग्री की ओर बिलकुल भी ध्यान नहीं देते।

कुछ दिनों पहले मैंने थॉमस एडिसन की कहानी सुनी। थॉमस एडिसन की कहानी एक आदर्श उदाहरण है कि नकारात्मक लोग कितना नुकसान पहुंचा सकतें हैं। जब थॉमस एडिसन का स्कूल में दाखिला हुआ तो उसके कुछ दिनों बाद उनकी अध्यापिका ने उन्हें एक चिट्ठी लिख कर दी और उनसे कहा कि वे इसे अपनी माता को दे दें। एडिसन ने बिलकुल वैसा ही किया जैसा उनकी अध्यापिका ने कहा था। उस चिट्ठी को पढ़कर उनकी माँ को सदमा लगा और वो रोने लगीं।

उस चिट्ठी मे लिखा था कि एडिसन का मानसिक स्तर इतना ऊंचा नहीं है कि वो इन सामान्य बच्चों के साथ पढ़ सकें और यदि वे इस स्कूल में पढ़ते रहे तो इससे उनके साथ पढ़ने वाले बच्चों पर बुरा प्रभाव पड़ेगा।

एडिसन अपनी माँ को रोता हुआ देखकर चिंतित हुए और उन्होंने अपनी माँ से पूछा आखिर चिट्ठी में ऐसा क्या लिखा है। माँ ने खुद को संभालते हुए बताया कि चिट्ठी में लिखा है कि एडिसन इतने समझदार हैं कि स्कूल में ऐसा कोई अध्यापक नहीं हैं जो एडिसन को पढ़ा सके। उस दिन के बाद से एडिसन स्कूल नहीं गए पर उनकी माँ ने न सिर्फ उन्हें शिक्षित किया बल्कि उनमें इस विश्वास के बीज को भी बोया की वे अपने जीवन में जो चाहें वो हासिल कर सकते हैं।

एडिसन बड़े होकर दुनिया के सबसे महान आविष्कारकों में से एक बनें पर शायद ऐसा कभी संभव नहीं हो पाता यदि एडिसन की माँ ने उनके मन में उस जहरीले विचार को जाने से नहीं रोका होता।

अधिकांश लोग शायद एडिसन के जितने भाग्यशाली नहीं होते (क्योंकि उनकी माँ ने अध्यापिका की राय को अस्वीकार किया और एडिसन के मन में विश्वास का बीज बोया) और वे बिना जाँचे ही दूसरों की कही नकारात्मक बातों को सत्य मानकर स्वीकार कर लेतें हैं और बहुत ही सीमित जीवन जीते हैं।

जब आप अपनी क्षमताओं पर संदेह करते हैं तब आपका आत्मविश्वास कम हो जाता है और आप सफलता के लिए जरूरी कदम उठाने से कतराते रहतें हैं और काम को किसी अन्य दिन के लिए टालते

रहते हैं जिससे समय बर्बाद होता है, अधिकांश लोग भी बस इसलिए काम को करने के लिए टालते रहते हैं क्योंकि किसी ने उन्हें एहसास करा दिया है कि वो नाकाबिल हैं और वे जीवन में कभी कुछ नहीं कर पाएंगे।

आवश्यकता इस बात की है कि प्रत्येक इंसान ईश्वर के द्वारा हमें दी हुई योग्यता को पहचाने और उसका सर्वोत्तम प्रयोग करे और जीवन में प्रयास करें कि न तो नकारात्मक लोगों के पास जाएँ और न ही नकारात्मक लोगों को अपने मस्तिष्क को दूषित करने की अनुमति दें।

समय प्रबंधन से जुड़ी अमल योग्य उपयोगी बातें–

❖ जब भी आपसे कोई नकारात्मक बात कहें तो पहले ये जांच लें कि क्या वह आपकी आलोचना आपको बेहतर बनाने के लिए कर रहा है या आपको नीचा दिखाने के लिए और दूसरा यह भी जांच लें कि जो व्यक्ति आपसे नकारात्मक बात कर रहा है, उसने अब तक जीवन में क्या हासिल किया है। ऐसा व्यक्ति जिसने जीवन में कुछ नहीं किया उसकी दी हुई राय पर क्या आपका विश्वास करना उचित है ?

❖ हो सकता है आप कुछ करें और आपसे कुछ गलतियाँ हों और आपकी आलोचना भी हो, पर ये कभी मत भूलें कि आप जब कुछ करेंगे तभी आप कुछ सीखेंगे, और अगर आप कुछ नहीं करेंगे तो आपकी आलोचना भी नहीं होगी पर ये समझदारी नहीं है।

❖ किसी महान इंसान ने कहा है "नकारात्मक लोग वे लोग होते हैं जिनके पास हर समाधान के लिए समस्या होती है।"

अध्याय - 30

विशेषज्ञ समय बचाते हैं

"आज से ठीक एक साल बाद आप सोचेंगे, काश मैंने एक साल पहले ही काम शुरू कर दिया होता।": कैरेन लैम्ब

एक विशेषज्ञ अपने काम को करने में और उसे निखारने में काफी समय देता है इसलिए उसके पास एक लंबा अनुभव होता है। उसने अपने क्षेत्र में हजारों केस संभालें हैं। उसके लिए ज्यादातर परिस्थितियाँ बाएँ हाथ का खेल होती हैं और वे ज्यादातर स्थितियों को तुरंत समझ जाता हैं। यदि आप किसी विशेषज्ञ के पास जाने के बजाए किसी नौसीखिए या अनुभवहीन इंसान के पास जाते हैं तो स्थितियाँ बिलकुल भिन्न होती है। उसके पास जाने पर पहले तो उसे चीजों को समझने में समय लगेगा और जितनी सटीकता से एक विशेषज्ञ आंकलन कर पाएगा शायद उतनी सटीकता से वह नया व्यक्ति न कर पाए और इस कारण विशेषज्ञ समय बचाते हैं।

जब हमारी तबीयत खराब होती है तो भी हम तत्काल स्वास्थ्य लाभ के लिए उस रोग से संबन्धित किसी विशेषज्ञ डॉक्टर से परामर्श के लिए

जाते हैं और उनके परामर्श से हमें तत्काल ही स्वास्थ्य लाभ हो जाता है। ऐसे ही जब हमें किसी कानूनी सहायता की आवश्यकता होती हैं तो हम किसी अच्छे विशेषज्ञ वकील के पास ही जाते हैं जो हमें सही मार्गदर्शन दे सकें। हम किसी भी डॉक्टर या किसी भी वकील के पास नहीं जाना चाहते बल्कि विशेषज्ञ के पास जाना चाहतें हैं, जो अपने क्षेत्र में सबसे अच्छा हों और जिसने निरंतर सबसे अच्छे परिणाम दिए हों बार—बार लगातार। इन विशेषज्ञों की सेवाएँ लेने के लिए हम कई घंटे इंतजार के लिए भी तैयार रहतें हैं और उनके द्वारा मांगी गई राशि को देने के लिए भी तैयार रहतें हैं क्योंकि हमें पूरा विश्वास होता है कि वो परिणाम भी देंगे और समय भी बचाएंगे।

अधिकांशतः विशेषज्ञों की फीस थोड़ी अधिक होती है और ये होनी भी चाहिए क्योंकि उन्होंने समय के साथ न सिर्फ अपने हुनर को निखारा है बल्कि अपने ग्राहकों के लिए सफल परिणाम भी दिए हैं और सबसे महत्वपूर्ण उनका कीमती समय भी बचाया है।

समय प्रबंधन से जुड़ी अमल योग्य उपयोगी बातें :–

❖ हमारा क्षेत्र जो भी हो, हमें उस क्षेत्र से जुड़े महारथियों से सीखना चाहिए। यह तरीका है सबसे तेज़ी से आगे बढ़ने का।

❖ विशेषज्ञों के पास समय का अभाव होता है इसलिए उनके पास जब भी जाएँ पहले से ही तैयारी कर लें कि आपका उनसे मिलने का क्या उद्देश्य है या आप उनसे क्या पूछना चाहते हैं ?

अध्याय - 31

खराब सेहत समय खराब करती है

"किसी भी कार्य को करने का समय आप तब तक नहीं पाएंगे, जब तक कि आप जानबूझकर उस कार्य को करने के लिए समय न निकालें।" : चार्ल्स ब्रूकसटन

एंड्रू फ्लिंटोफ इंग्लैंड क्रिकेट के महान ऑल राउंडर खिलाड़ी थे, जब वे खेल रहे थे तब उनकी गिनती विश्व के महान ऑल राउंडर खिलाड़ियों में हो रही थी। पहले तो चोटिल होने के कारण उन्हें कुछ समय के लिए क्रिकेट से विश्राम लेना पड़ा पर जब चोटिल होने की समस्याएँ गंभीर होने लगी तो उन्हें अंततः मात्र 32 साल की कम आयु में क्रिकेट को अलविदा कहना पड़ा।

ये कहना गलत नहीं होगा कि अगर उनकी सेहत अच्छी रहती तो इंग्लैंड क्रिकेट में अपना योगदान देने के साथ-साथ वे अनेक नए कीर्तिमान भी स्थापित करते।

अच्छी सेहत जीवन में उत्साह और खुशियों का संचार तो करती ही है साथ-ही-साथ यह आपके कार्य करने की क्षमता को भी बढ़ाती है। जब

व्यक्ति स्वस्थ होता है तब वह काम को तीव्रता से और पूरे उत्साह के साथ करता है और जब व्यक्ति अस्वस्थ होता है तब न तो उसके जीवन में उत्साह रहता है और न ही उसका किसी भी काम को करने में मन लगता है जिस कारण समय बर्बाद होता है।

खराब स्वास्थ्य या चोटिल हो जाने के कारण अनेक खिलाड़ियों को अपने करियर में कई स्वर्णिम अवसर गँवाने पड़े जिनमें विश्व कप और ओलंपिक जैसे बड़े टूर्नामेंट भी शामिल हैं।

चाहे खिलाड़ी हो या फिल्म स्टार या बड़े उद्योगपति सभी की नंबर एक प्राथमिकता रहती है "अच्छी सेहत" क्योंकि उन्हे पता है सभी क्षेत्रों में उत्कृष्ट प्रदर्शन के लिए सेहत बहुत मायने रखती हैं।

जब खिलाड़ी चोटिल हो जाता है तो उसे खेल से विश्राम लेना पड़ता है और उसका समय बर्बाद होता है, और यही स्थिति फिल्म स्टार की भी होती है चोटिल हो जाने के कारण उन्हें उपचार कराने के लिए अपने काम से विश्राम लेना पड़ता है और इस तरह उनका भी कीमती समय बर्बाद होता।

आप और अधिक धन तो कमा सकते हैं पर अधिक समय और अधिक जीवन नहीं पा सकते इसलिए आपकी भी यह प्राथमिकता होनी चाहिए कि हर प्रकार से अपने स्वास्थ्य को ठीक रखें। स्वास्थ्य को अच्छा रखने के लिए हमें पोषक आहारों के साथ नियमित व्यायाम और योग के अभ्यास की आवश्यकता होती है।

समय प्रबंधन से जुड़ी अमल योग्य उपयोगी बातें :–

❖ सड़क पर से खुली हुई चीजें न तो खरीदें न ही खाएं, इस तरह के पदार्थ अशुद्ध जल व मक्खियों द्वारा संक्रमित हो सकते हैं और आपकी सेहत पर असर डाल सकते हैं।

❖ प्रतिदिन एक घंटा अपने शरीर के लिए निकालें, इस पूरे घंटे में व्यायाम, योगा और प्राणायाम के अतिरिक्त कुछ भी न करें।

अध्याय - 32

उधार वसूलने में बर्बाद होता है समय

"अफसोस कि बात यह है कि समय बहुत तेजी से उड़ता है, और अच्छी बात यह है कि आप समय के पायलट हैं।" : माइकल अल्टशूलर

काफी वर्षों बाद मेरी एक मित्र से बात हुई मैंने उनसे पूछा कि उनका व्यापार कैसा चल रहा है। उन्होंने बताया कि उन्होंने अपना व्यापार बंद कर दिया है और अब वे एक प्राइवेट कंपनी में नौकरी कर रहे हैं। यह सुनकर मैं आश्चर्य में पड़ गया और मैंने जानना चाहा कि आखिर जो व्यवसाय इतना शानदार चल रहा था उसे बंद करने की नौबत क्यों आ गई।

मेरे मित्र ने बताया पहले तो उनके पिताजी के स्वर्गवास के बाद उन्होंने व्यापार संभाला, बहुत से खरीददार उनसे उधार माल खरीद कर ले जाते थे और वादा करते थे कि वो पैसा अगली बार पहुंचा देंगे। अगली बार जब वे आते थे तो वे अकेले नहीं आते थे पर उनके साथ बहाने भी होते थे और अगली बार भुगतान का वादा भी होता था।

कुछ समय बाद किसी स्टाफ को भेजकर पैसा वसूलने का प्रयास किया फिर स्वयं जाकर यही प्रयास किया। पूंजी तो डूब ही रही थी, बार–बार पैसा वसूली के लिए जाने के कारण वो व्यापार में समय कम देने लगे और मेरा व्यापार बहुत तेजी से प्रभावित होने लगा। स्थिति यहाँ तक आ गई कि उन्हें स्वयं कर्ज लेना पड़ा और आज उन्हें एक प्राइवेट कंपनी में नौकरी करनी पड़ रही है।

मैंने कहीं पढ़ा था कि उधार देने वालों की स्मरण शक्ति उधार लेने वालों से ज्यादा अच्छी होती है। मैं ये नहीं कह रहा कि सभी लोग जो उधार लेते हैं, वे उसे चुकाते नहीं हैं पर अधिकांश लोग की यही हालत होती है कि वे लेने के बाद बहुत जल्दी भूल जाते हैं।

उधार सिर्फ धन तक सीमित नहीं है, अमूल्य वस्तुओं, यहाँ तक कि किताबें भी इसमें शामिल हैं। मुझसे अनेक लोगों ने किताबें इस शर्त पर पढ़ने को मांगी कि वो पढ़ने के बाद वापस कर देंगे पर वो लोग मुझे कभी दोबारा दिखाई नहीं दिये।

उधार देने से साफ मना करें नहीं तो अपनी ही चीज को दोबारा प्राप्त करने के लिए आपको विनती करने के साथ–साथ कई चक्कर लगाने पड़ेंगे और सबसे महत्त्वपूर्ण इसमें आपका कीमती समय बर्बाद होगा।

समय प्रबंधन से जुड़ी अमल योग्य उपयोगी बातें :–

❖ एक सिद्धांत बना लें कि आप किसी को भी धन या अन्य कोई कीमती सामान उधार नहीं देंगे।

❖ यदि कोई व्यक्ति जो आपसे पहले भी उधार ले चुका है दोबारा उधार मांगे तो उससे पहले वाली बकाया राशि की मांग करें यदि प्रभु की दया से वो राशि आपको दोबारा मिल जाए तो उधार देने की गलती दोबारा न करें।

अध्याय - 33

करें खाली समय का सार्थक सदुपयोग

"अपने समय का 90 प्रतिशत हिस्सा समाधान पर केन्द्रित करिए और 10 प्रतिशत हिस्सा समस्या पर।" : एंथोनी जे डीएंजेलो

मुझे लखनऊ जाना था और मेरी ट्रेन लगभग पाँच घंटे लेट थी, मेरे पास दो विकल्प थे या तो मैं इस घटना को लेकर पाँच घंटे तक क्रोधित रहूँ और इस कीमती पाँच घंटे को नष्ट कर दूँ या इस कीमती समय का सदुपयोग करूँ।

क्योंकि ट्रेन नहीं आई थी इसलिए स्टेशन पर काफी भीड़ थी और वहाँ बैठने की जगह भी लगभग भरी हुई थी, मैं प्लैटफार्म में काफी आगे तक गया, और सौभाग्यवश मुझे बैठने के लिए जगह मिल गई और वहाँ भीड़ न के बराबर थी।

मैंने अपना लैपटॉप निकाला और अपनी अगली किताब पर काम करना शुरू किया देखते–ही–देखते कब पाँच घंटे बीत गए पता ही नहीं चला। इन पाँच घंटो में मैं अपनी किताब में आठ कदम आगे बढ़ गया यानि कि मैंने आठ और पेज लिखे। यदि मैं इन पाँच घंटो का सदुपयोग

नहीं करता तो मेरी नई किताब वहीं की वहीं रहती।

क्योंकि मैं एक लेखक हूँ इसलिए मैंने अपने समय का सदुपयोग अपनी नई किताब पूरा करने में किया। आप भी अपने समय का सदुपयोग कर सकते हैं जिसके कई तरीके हो सकते हैं।

- अपने काम की लिस्ट (चेकलिस्ट) को खोलकर उस समय जो संभव कार्य हो उन्हें निपटाना।

- एक अच्छी किताब पढ़कर अपनी जानकारी बढ़ाना,

- आगे की प्लानिंग करना / योजना बनाना,

- अपने किसी मित्र को फोन करके उसका हाल चाल लेना,

- अपने घर पर फोन करके किसी काम को सुपुर्द करना या वह काम कैसे पूरा होगा उसका दिशानिर्देश देना,

- यदि आपको भविष्य में कोई उत्पाद खरीदना हो तो उसके विषय में इंटरनेट से या उसके हेल्पलाइन नंबर से जानकारी करना इत्यादि।

ये सुझाव सिर्फ उदाहरण स्वरूप आपको दिए गए हैं, आपकी प्राथमिकता और कार्यक्षेत्र भिन्न हो सकते हैं इसलिए आप अपने कार्यों का निर्धारण स्वयं करें पर सबसे महत्वपूर्ण है कि आप हर हाल में अपने एक भी सेकंड को नष्ट न करें और अपने कीमती समय का सदुपयोग करें।

समय प्रबंधन से जुड़ी अमल योग्य उपयोगी बातें :

- जब ट्रेन लेट हो या किसी डॉक्टर के यहाँ अधिक समय लग रहा हो या ऐसी ही किसी स्थिति में गुस्साएँ या झल्लाएँ नहीं बल्कि समझदारी से ये सोचे कि इस कीमती समय का सदुपयोग किन कार्यों में किया जाए।

- किए जाने वाले कार्यों की चेकलिस्ट बहुत महत्वपूर्ण है क्योंकि इस लिस्ट से आपको पहले ही पता रहता है कि आपको क्या करना है और जब समय खाली हो तो इस लिस्ट के कार्यों को पूरा करने से अच्छा और क्या काम हो सकता है।

अध्याय – 34

लोम्बार्डी टाइम

"हर एक पल आप स्वयं अपनी जिंदगी की कहानी लिख रहे हैं।":
हृष्ववर्ड मार्टिन

विंस लोम्बार्डी एक महान कोच थे उन्होंने लोम्बार्डी टाइम शब्द को ईजाद किया था। विंस लोम्बार्डी अपने खिलाड़ियों और कोचों से अपेक्षा रखते थे कि वो चाहे मीटिंग का समय हो या प्रैक्टिस का सभी को निर्धारित समय से 15 मिनट पहले पहुंचना है और यदि वे ऐसा नहीं कर पाते तो वे लेट माने जाते थे और तबसे यह लोम्बार्डी टाइम कहलाया जाने लगा यानि कि निर्धारित समय से 15 मिनट पहले। इस तरह विंस लोम्बार्डी ने न सिर्फ अपनी टीम को आत्म–अनुशासित किया बल्कि उन्हें एक विजेता भी बनाया।

जब हम स्कूल में पढ़ा करते थे तो जो विद्यार्थी स्कूल में लगने के निर्धारित समय से जरा भी लेट आते थे तो उन्हें एक घंटे खड़े रहने की सजा दी जाती थी यदि विद्यार्थी ने लोम्बार्डी टाइम का प्रयोग किया होता तो न सिर्फ वह सजा से बचते बल्कि उनके कीमती एक घंटे भी बचते।

क्या आपकी कभी ट्रेन छूटी है, याद करिए आप मात्र कुछ मिनट लेट

हुए और उस कुछ मिनट की देरी के कारण आपको कितने पापड़ बेलने पड़े न सिर्फ आपका पैसा और समय नुकसान हुआ बल्कि जो तनाव मिला सो अलग।

अगर हमने लोम्बार्डी टाइम का इस्तेमाल किया होता तो हमारी ट्रेन कभी नहीं छूटती।

लोम्बार्डी टाइम का सबसे बड़ा लाभ यह है कि आप आत्म–अनुशासित बनते हैं। आपके अंदर ये आदत आ जाती है कि आप हर जगह निर्धारित समय से पहले ही पहुँच जाते हैं और ऐसे लोगो को बड़े ही सम्मान से देखा जाता है जो अपने समय की कद्र करते हैं। इस प्रकार समय की कद्र करने वाले लोग बहुत कम होते हैं और ऐसे लोगो की बहुत तारीफ होती है। जब प्रमोशन की बात आती है तब भी ऐसे लोगो को वरीयता दी जाती है जो अपने समय की कद्र करते हों। आप भी इस सूची में शामिल हो सकते हैं आपको बस यही करना है कि आप लोम्बार्डी टाइम को अपने जीवन का हिस्सा बना लें।

समय प्रबंधन से जुड़ी अमल योग्य उपयोगी बातें:

❖ लोम्बार्डी टाइम को अपने जीवन का हिस्सा बना लें, और सभी जगह निर्धारित समय से 15 मिनट पहले पहुंचे।

❖ क्या आप चाहते हैं कि आप हमेशा भीड़ से आगे रहें, लोम्बार्डी टाइम अपनाएं क्योंकि आज के समाज में अधिकांश लोग अपने और दूसरे के समय की कद्र नहीं करते।

अध्याय – 35

डिजिटल युग में टाइम मैनेजमेंट

"दो काम एक साथ करने का अर्थ है एक कार्य भी सही से नहीं करना।" :
पब्लियस साइरस

आज आप जिस भी दिशा में देखें उस दिशा में आपको सभी के हाथ में एक अत्याधुनिक मोबाइल अवश्य दिखाई देगा। मैंने पहले भी एक अध्याय में लिखा था कि टेक्नोलॉजी को या तो आप अपना दोस्त बना सकते हैं या दुश्मन। टेक्नोलॉजी को आप क्या बनाना चाहते हैं यह निर्णय पूरी तरह से आप पर निर्भर है। मैंने इस टेक्नोलोजी को अपना दोस्त बना लिया है, मैं अपने एण्ड्रोइड मोबाइल का इस्तेमाल टाइम मैनेजमेंट करने के लिए बड़े ही सफलतापूर्वक तरीके से करता हूँ ।

वैसे तो आपके पास टाइम मैनेजमेंट करने के लिए अनेक एप के विकल्प उपलब्ध है पर मैं colornote नामक एप को इस्तेमाल करना पसंद करता हूँ। इसे मैंने गूगल प्लेस्टोर से डाउनलोड किया था। इस एप में दिये हुए कैलेंडर में मैं उस दिन की चेकलिस्ट बनाता हूँ।

चेकलिस्ट तो आप एक स्पाइरल नोटबुक पर भी बना सकते हैं पर

colornote के कैलेंडर में चेकलिस्ट बनाने का लाभ यह है किः

- आप भविष्य के किसी भी दिन के लिए चेकलिस्ट बना सकते हैं।

- हर नए दिन के शुरू होने पर उस दिन का चेकलिस्ट अपने आप दिखाएगा (यदि आपने कैलेंडर में उस दिन के लिए चेकलिस्ट बनाया है तो)।

- काम के महत्व के अनुसार उस काम को चेकलिस्ट की सूची में बहुत ही आसानी से ऊपर या नीचे कर सकते हैं।

- चेकलिस्ट मे यदि आपने किसी काम को गलती से काट दिया तो भी आप उसे आसानी से कर सकते हैं।

- बचे हुए काम को आप आसानी से कॉपी करके अगले दिन की चेकलिस्ट में डाल सकते हैं।

- उदाहरण के लिए मान लेते हैं कि आपको याद नहीं कि आपने कब मोटरसाइकल खरीदी थी तो आपने यदि इसे अपने किसी भी चेकलिस्ट में लिखा है तो colornote में मात्र एक की–वर्ड "मोटरसाइकल" सर्च करने से वो सभी चेकलिस्ट सामने आ जाएंगी जिनमे मोटरसाइकल लिखा है।

ये कुछ लाभ हैं जो मैंने पाए, ऐसे ही अनेक एप अनेक विशेषताओं के साथ आपके लिए इस डिजिटल युग में उपलब्ध हैं। एप चुनने से पहले ये जानना जरूरी है कि आपकी आवश्यकता क्या है और जो एप आप चुनने जा रहें हैं उसे इस्तेमाल करने के बाद लोगो ने संतुष्टि की क्या रेटिंग दी है।

समय प्रबंधन से जुड़ी अमल योग्य उपयोगी बातें :

- ❖ आज ही गूगल पर सर्च करें कि कौन सा to do list या checklist का एप आपके मोबाइल प्लैटफॉर्म के लिए उपलब्ध है, उसे डाउनलोड करें और इस डिजिटल युग की दौड़ में शामिल हों।

- ❖ शुरुआत में कई एप डाउनलोड करके देखें, कुछ दिन प्रयोग करने के बाद ऐसा एप जो आपकी आवश्यकता के हिसाब से सबसे फिट बैठता है उसे रखें और बाकी को डिलीट कर दें।

अध्याय - 36

छोटी-छोटी बातों को मुद्दा न बनाएँ और समय बचाएं

"अमीर बनने का मतलब है पैसा होना, बहुत अमीर होने का मतलब है समय होना।" : मारग्रेट बोनानो

एक छोटी सी चिंगारी एक भयानक आग का रूप ले सकती है और इसी प्रकार एक छोटी–सी बात बढ़कर बहुत सारी समस्याएँ पैदा कर सकती है। समझदारी इसी में हैं कि छोटी–छोटी बातों को मुद्दा न बनाया जाए बल्कि सुनहरे भविष्य की ओर कदम बढ़ाया जाए।

दो बचपन के मित्र दोनों एक साथ पढ़े और जीवन में आगे बढ़े, एक दिन इनमें से एक मित्र ने एक मज़ाक किया जिसको दूसरे मित्र ने अपने दिल पर ले लिया और उसे अपने अहम का मुद्दा बना लिया। उस छोटे से मज़ाक ने मित्रता और सम्बन्धों को पूरी तरह से खत्म कर दिया। इस घटना ने दोनो लोगों को तनाव में डाल दिया और उनकी एकाग्रता और मानसिक शांति भंग कर दी और जो समय अपने काम को करने में लगना चाहिए था वो ईर्ष्या और चिंता में बीतने लगा।

इन दोनों मित्रों के पास दो विकल्प है या तो बात को लेकर बैठे रहें, चिंता और ईर्ष्या करके समय नष्ट करें और अपना भविष्य अंधकारमय बना लें या फिर परिपक्वता दिखाएँ सुलह करें, उस भूल को दोबारा न करने का प्रण लें और जीवन में आगे बढ़ें।

क्षमा करना कमजोरी की निशानी नहीं है बल्कि ये सुखी जीवन की कुंजी है। जब आप किसी को क्षमा नहीं करते तो आपकी स्थिति जेलर और कैदी वाली हो जाती है। जेलर आप हैं और कैदी वह इंसान है जिसे आप क्षमा नहीं करते। जेलर को 24 घंटे हमेशा इसलिए तैनात रहना पड़ता है ताकि वह कैदी पर नज़र रख सके इसलिए जेलर कैदी पर नज़र रखने के अलावा और कोई काम नहीं कर सकता। मुझे नहीं लगता कि इसे पढ़ने के बाद आप जेलर बनने का निर्णय लेंगे।

दूसरों को क्षमा करें उनके लिए नहीं बल्कि अपने लिए, अपनी मानसिक शांति के लिए और सबसे महत्वपूर्ण अपने कीमती समय के लिए।

समय प्रबंधन से जुड़ी अमल योग्य उपयोगी बातें:—

❖ आम जीवन में इसका सबसे अच्छा उदाहरण हमें सड़क पर देखने को मिल सकता है, एक व्यक्ति मोटरसाइकल से अंजाने में एक दूसरे व्यक्ति की मोटरसाइकल से लड़ जाता है, कोई भी पक्ष अपनी गलती को मानने और माफी मांगने को तैयार नहीं है। छोटी—सी बात लंबी खिंच जाती है और इस मामले को शांत करने के लिए पुलिस को शामिल होना पड़ता है। इसलिए ऐसी छोटी—छोटी घटनाओं से बचे, गलती होने पर माफी मांग लें और बात को खत्म करके अपने कीमती समय को बचाएं।

❖ मानसिक शांति को अपनी सर्वोच्च प्राथमिकता बनाएँ, न जेलर बनें और न किसी को कैदी बनाएँ, दूसरों को माफ करें उनके लिए नहीं बल्कि अपने लिए और प्रभु से उनकी सद्बुद्धि की प्रार्थना करें।

अध्याय – 37

विशेष तारीखों का रखें विशेष ध्यान

"अमीर लोग समय में निवेश करतें हैं, गरीब लोग धन में निवेश करते हैं।" : वारेन बफेट

हर व्यक्ति का कर्तव्य है कि वो न सिर्फ धन अर्जित करे बल्कि उसे बचाए भी। धन को अर्जित करने में समय लगता है, यदि आपने अपना धन गंवाया तो एक तरह से आपने अपना समय भी गंवाया क्योंकि अधिकांश स्थितियों में धन अर्जित करने में समय का निवेश करना पड़ता है।

अगर आपको अधिक पैसे कमाने के नए रास्ते न भी दिख रहें हो तो भी यह सुनिश्चित करें कि आप किसी भी तरह अपने धन को गँवाए नहीं और इसका एक आसान तरीका है "विशेष तारीखों का विशेष ध्यान रखना।"

''विशेष तारीखों'' के अंतर्गत

● "विशेष तारीखों" के अंतर्गत

- बिजली बिल भुगतान की अंतिम तिथि
- आयकर के भुगतान की अंतिम तिथि
- स्कूल, कॉलेजों की फीस के भुगतान की अंतिम तिथि
- फोन और इंटरनेट के बिल की भुगतान की अंतिम तिथि
- अपनी लोन के किश्तों को चुकाने की अंतिम तिथि
- अपने क्रेडिट कार्ड के पेमेंट की भुगतान की अंतिम तिथि

इत्यादि जैसी चीजें आती हैं यदि आप इनका समय पर भुगतान नहीं करते, तब आपको अनावश्यक रूप से लेट फीस के रूप में अतिरिक्त पैसे देने पड़ते हैं और ये अतिरिक्त दिये हुए पैसों को कमाने के लिए और अधिक समय काम करना पड़ता है जिसे सरल भाषा में समय की बर्बादी ही कहा जाएगा।

अपने कैलेंडर पर नोट कर लें या एक निशान बना लें कि महीने के किस विशेष दिन आप भुगतान करेंगे, आपका चुना हुआ दिन भुगतान की अंतिम तिथि से पाँच दिन पहले का होना चाहिए क्योंकि यदि अपरिहार्य कारणो से उस दिन आप बिल का भुगतान न कर पाएँ तब भी आपके पास पाँच दिन का अतिरिक्त समय बचता है।

नियमित रूप से इस प्रकार कैलेंडर का इस्तेमाल करने का दूसरा लाभ यह भी है कि इस अच्छी आदत को विकसित करने के साथ आप स्वयं को अधिक आत्म–अनुशासित पाएंगे और इससे न सिर्फ आपके पैसे और समय बचेंगे बल्कि आप खुद को स्थितियों के पूरे नियंत्रण में पाएंगे।

समय प्रबंधन से जुड़ी अमल योग्य उपयोगी बातें :–

❖ आज ही दीवार पर टाँगने के लिए एक ऐसे कैलेंडर की व्यवस्था करें जिनमें आप इन "विशेष तारीखों को लिख सकें और उनका विशेष ध्यान रख सकें।"

❖ यदि आपको कैलेंडर वाला तरीका पसंद नहीं है तब आप अपने मोबाइल के कैलेंडर में एक रिमाइन्डर लगा लें और समय से पहले ही भुगतान करके अपना पैसा और समय दोनों बचाएं।

"I am Responsible"

अध्याय - 38

कार्य को मंजिल तक पहुंचाने का दायित्व स्वयं लें

"यदि आप समय का महत्व नहीं जानते तो आपका जन्म कुछ बड़ा करने के लिए नहीं हुआ।" : अज्ञात

इस धरती पर सबसे अधिक विश्वास आपको खुद पर होना चाहिए, आप 24 घंटे 365 दिन खुद के ही साथ रहतें हैं। आप अपने काम में दूसरों से सहायता ले सकते हैं या आप उस काम को किसी को सौंप सकते हैं या उस काम को करने के लिए किसी व्यक्ति को नियुक्त कर सकते हैं पर चाहे जो हो जाए आप ये उम्मीद नहीं पाल सकते कि काम पूरा हो गया होगा जब तक आप खुद जांच कर यह सुनिश्चित न कर लें कि काम सही तरीके से पूरा हो गया है।

यदि काम सही तरीके से या समय पर पूरा न हो तो आप उस काम के लिए जिम्मेदार व्यक्ति को डांट सकते हैं या निकाल सकते हैं पर उस काम में लगने वाले समय की भरपाई नहीं कर सकते।

कुछ दिन पहले मैंने इंटरनेट पर एक घटना के बारे में पढ़ा, एक व्यक्ति ने अपने कर्मचारी को एक बहुत ही महत्वपूर्ण दस्तावेज/कागज ABC स्थान पर XYZ व्यक्ति को देने को कहा, कर्मचारी ABC स्थान पर गया और वहाँ पर उसने XYZ के बारे में पूछा तो उसे पता चला की XYZ कहीं काम से निकले हैं, यह जानकारी प्राप्त करके कर्मचारी ने उनसे आग्रह किया कि जब भी XYZ आएँ तो कृपया उन्हें यह दस्तावेज/कागज दे दीजिएगा। जब XYZ ऑफिस पहुंचे तो वह इंसान

घर जा चुका था और इसलिए XYZ के पास वो महत्वपूर्ण दस्तावेज/कागज नहीं पहुंचे।

न कर्मचारी ने इस विषय में मालिक को बताया और न मालिक ने कर्मचारी से पूछकर सुनिश्चित किया कि दस्तावेज/कागज XYZ तक पहुँच गए या नही। कर्मचारी यह मानकर चल रहा था की उस भले इंसान ने दस्तावेज/कागज XYZ को दे दिया होगा और मालिक यह मानकर चल रहा था कि कर्मचारी ने दस्तावेज/कागज सफलतापूर्वक XYZ तक पहुंचा दिया होगा।

XYZ शहर के सबसे बड़े वकील थे और वह महत्वपूर्ण दस्तावेज/कागज मुकदमे से जुड़ा प्रमाण था जिसे उन्हें अगले दिन कोर्ट में पेश करने थे, क्योंकि उनके पास दस्तावेज/कागज पहुंचे ही नहीं इसलिए निर्णय भी उनके पक्ष मे नहीं हुआ।

इस लापरवाही की वजह से मालिक का पैसा और समय दोनों बर्बाद हुआ जबकि कर्मचारी की सिर्फ नौकरी गई। कुछ समय बाद कर्मचारी को एक अन्य जगह दूसरी नौकरी मिल गई जबकि इस लापरवाही के कारण मालिक की स्थिति दयनीय बन गई।

मैं ये नहीं कह रहा कि आप लोगों को काम बिलकुल न सौंपें, ऐसा संभव ही नहीं है। बस काम सौंपने के बाद यह न माने कि काम पूरा हो गया होगा जब तक आप स्वयं इसकी जांच कर यह सुनिश्चित न कर लें कि काम सही तरीके से पूरा हो गया है।

समय प्रबंधन से जुड़ी अमल योग्य उपयोगी बातें :–

❖ जब भी किसी व्यक्ति को कोई काम सुपुर्द करें तो उन्हें स्पष्ट करें कि अपेक्षित परिणाम क्या है। गलतियाँ होने पर तत्काल सुधार करने से समय बचता है। इसलिए जब तक काम पूरा न हो जाए तब तक नियमित रूप से कार्य की प्रगति के बारें में जानकारी लेते रहें।

❖ मेहनत की सार्थकता आधे अधूरे काम से नहीं बल्कि काम की पूर्णता से होती है। इसलिए अनुमान न लगाएँ बल्कि स्वयं जाँचे कि काम पूरा हुआ या नहीं। अनुमान लगाने पर अधिकांशतः निराशा ही हाथ लगती है और कीमती समय नष्ट होता है।

अध्याय - 39

प्लान B को पहले से रखें तैयार

"जो लोग समय का सबसे बुरा प्रयोग करते हैं सबसे पहले वही इसकी कमी का रोना रोतें हैं।" : जीन डे ला ब्रूयर

धनतेरस का दिन था, स्वाभाविक रूप से शहर के सभी लोग खरीदारी करने के लिए निकले, मैं भी खरीदारी के लिए निकला था। कुछ देर की खरीदारी के बाद मैं अपनी गाड़ी से घर लौटने के लिए निकला पर कुछ ही दूर पर मुझे एक लंबा जाम दिखाई दिया। इस रास्ते पर चलने का मतलब था कि कम–से–कम 2 घंटे समय की बर्बादी। मैंने तत्काल ही गाड़ी घुमाई और एक दूसरा रास्ता पकड़ा, कुछ दूर चलने के बाद मुझे इस रास्ते पर भी जाम मिला, मैंने एक बार फिर गाड़ी घुमाई एक नया रास्ता पकड़ा और इस बार भी कुछ दूर चलने के बाद मुझे जाम मिला, चौथी बार मैंने फिर गाड़ी घुमाई एक नया रास्ता पकड़ा और इस बार आखिरकार मैं घर पहुँच गया।

रात के वक्त मैं इस सोच में पड़ गया यह तो मेरा शहर था पर यदि इस तरह की घटना मेरे साथ किसी और शहर में होती (जिस शहर के बारे में मैं ज्यादा नहीं जानता) तो क्या होता। या तो मैं जाम के बावजूद उसी रास्ते पर चलता रहता या किसी अन्य व्यक्ति से एक दूसरा रास्ता पूछकर आगे बढ़ता और अपनी मंजिल तक पहुंचता। ये बात तो पक्की है कि मैं स्वयं जो रास्ता जानता हूँ उसकी अपेक्षा दूसरे व्यक्तियों से रास्ता पूछ–पूछ कर अपनी मंजिल तक पहुँचने में काफी समय लगता। इस

विचार से मेरे दिमाग में एक और विचार आया और वह विचार यह था, जीवन में हर महत्त्वपूर्ण काम के लिए एक और अतिरिक्त प्लान B तैयार रखना। इसे सरल शब्दों में कहा जाए तो यदि आपका प्लान A असफल हो जाए तो प्लान B को अमल में लाना। प्लान A वो आम रास्ता या तरीका/विकल्प है जो आप सामान्य परिस्थितियों में अपनाते हैं। प्लान B एक अतिरिक्त विकल्प है जो प्लान A के असफल हो जाने पर अमल में लाया जाता है। प्लान B से समय की ढ़ेर सारी बचत होती है क्योंकि प्लान A की असफलता पर एक नए विकल्प को खोजने में समय लगेगा और प्लान B में आपके पास नए विकल्प पहले से मौजूद रहते हैं।

उदाहरण के लिए मैं अपने लैपटॉप की ही बात करूँ तो यदि मेरे लैपटॉप के जो नियमित मेकैनिक है, जो इसे ठीक करते हैं यदि वो शहर से एक सप्ताह के लिए बाहर चलें जाएँ तो मुझे या तो एक सप्ताह इंतजार करना पड़ेगा या फिर एक दूसरे मेकैनिक से संपर्क करना पड़ेगा। इस स्थिति में मुझे नए मेकैनिक को खोजने में समय लगाना पड़ेगा जिससे मेरा समय बर्बाद होगा, बेहतर यही रहेगा कि मैं पहले से ही एक प्लान B तैयार रखूँ यानि कि एक और मेकैनिक का नंबर तैयार रखूँ ताकि जरूरत पड़ने पर मुझे उन्हें खोजने में समय बर्बाद करना न पड़े।

प्लान B का इस्तेमाल अपने जीवन के लक्ष्यों और दैनिक जीवन की आवश्यकताओं में सभी में सफलतापूर्वक किया जा सकता है। आप जीवन में उतने ही आगे जाएंगे जितनी कुशलता से आप हर क्षेत्र में प्लान B अग्रिम रूप से तैयार रखते हैं।

समय प्रबंधन से जुड़ी अमल योग्य उपयोगी बातें:—

❖ इलेक्ट्रिशियन, प्लंबर, बढ़ई, ड्राईवर इत्यादि जैसे लोगो के लिए भी प्लान B तैयार करें, ताकि जरूरत पड़ने पर इन्हे खोजने में समय बर्बाद न हो।

❖ अपने काम से जुड़े क्षेत्र में भी प्लान B तैयार करें जैसा अन्य संभावित और वैकल्पिक   नौकरियाँ व व्यवसाय।

❖ अँग्रेजी में एक कहावत है "Error Prevention is better than error correction" यानी कि गलतियाँ होने से पहले ही उन्हें रोक देना। गलतियाँ सुधारने से ज्यादा बेहतर है। यदि आप इस सिद्धांत का पालन करें तो भी आप अपनी समय की बचत करेंगे।

अध्याय – 40

स्पष्टता समय बचाती है

" बहुत भाग्यशाली हैं वे लोग जिन्हें 'समय' और 'समझ' एक साथ मिलती है, क्योंकि अक्सर 'समय' पर 'समझ' नहीं आती और जब 'समझ' आती है तो 'समय' हाथ से निकल जाता है।" : अज्ञात

मेरे एक मित्र जो एक कपड़ा व्यवसायी हैं, मैं उनकी दुकान पर था और उनके सेल्समैन को, ग्राहकों को कपड़ा दिखाते हुए देख रहा था। सेल्समैन युवा था और सबसे अच्छी बात यह थी कि वह शानदार मुस्कुराहट व जबदरस्त उत्साह के साथ ग्राहकों के साथ बात कर रहा था। वहाँ बैठे–बैठे मैंने उस सेल्समैन में एक और खासियत देखी, प्रत्येक ग्राहक के आगमन पर उसने पहले तो बहुत ही गर्मजोशी के साथ उनका स्वागत किया फिर सवालों की एक श्रृंखला ग्राहक के सामने रखी, सवाल कुछ इस प्रकार के थे–

- सर, मैं आपकी क्या सेवा कर सकता हूँ ?

- आप किस तरह की शर्ट पसंद करेंगे हाफ या फुल ?

- कलर कौन सा पसंद करेंगे हल्का (लाइट) या गाढ़ा (डार्क)?

● आपका पसंदीदा कलर कौन–सा है?

सेल्समैन ऐसे ही अनेक सवाल प्रत्येक ग्राहक से पूछ रहा था और ग्राहक के प्रत्येक उत्तर के साथ सेल्समैन और भी अधिक आत्मविश्वास के साथ सामान दिखा रहा था। अधिकांश ग्राहक सामान खरीद भी रहे थे।

उस सेल्समैन से प्रभावित होकर मैंने अपने मित्र से उसकी प्रशंसा की कि कितने अच्छे तरीके से वे ग्राहकों को डील कर रहा है। मेरे मित्र ने बताया कि सेल्समैन का उत्साह प्रशंसा के योग्य तो है ही पर उससे भी ज्यादा प्रशंसा के योग्य सेल्समैन की ग्राहकों से अपने प्रश्नों के उत्तर पाने की क्षमता है। प्रत्येक प्रश्न ग्राहकों की दुविधा दूर करता है और ग्राहक स्वयं ही स्पष्टता से बताते हैं कि उन्हे क्या चाहिए। यह जानकर सेल्समैन के अंदर भी आत्मविश्वास आता है और वो कुछ गिन–चुने उत्पाद दिखा कर ही सामान बेच लेता है यदि वो सवाल न पूछे तो ग्राहक भी दुविधा में रहेंगे, ज्यादा–से–ज़्यादा सामान निकलवाएंगे और ग्राहक को क्या चाहिए इस जानकारी के अभाव में सेल्समैन के अंदर भी आत्मविश्वास की कमी आ जाएगी और संभवतः वो समान नहीं बेच पाएगा।

अधिक कपड़ा निकालने का मतलब है अधिक समय लगना और अधिक कपड़ा निकालने पर भी बिक्री न होना मतलब समय का बहुत बड़ा नुकसान।

यह घटना मेरे लिए बहुत बड़ी सीख है कि जब चीजें आपके लिए स्पष्ट होती हैं तो उन्हें करने मे लगने वाला समय चमत्कारिक रूप से कम हो जाता है।

मैंने कहीं सुना भी है कि रोग की पहचान ही आधी बीमारी का इलाज है यानि कि स्पष्टता से समाधान और समय की बचत होती है। जीवन के हर क्षेत्र में स्पष्टता लाइये और समय बचाईए।

समय प्रबंधन से जुड़ी अमल योग्य उपयोगी बातें:–

❖ आप व्यवसायी हो या एक आम इंसान, स्पष्ट रहें कि आप जीवन के हर क्षेत्र में आखिर क्या चाहते हैं।

❖ यह जानने के लिए की आप क्या चाहते हैं स्वयं से नियमित रूप से प्रश्न करते रहें।

अध्याय – 41

गुणवत्ता से समझौता मतलब समय की बर्बादी

"जब आप गुजरे समय पर अफसोस कर रहे होते हैं, उस समय भी समय गुजर रहा होता है।" : अज्ञात

वर्ष 2015 में मैंने इंटरनेट पर एक मोबाइल फोन का विज्ञापन देखा, डुयल सिम, कैमरा, एमपी–3 प्लेयर जैसे अनेक फीचर्स और कीमत मात्र 800 रुपए, मैंने सोचा इतनी सारी सुविधाएं के हिसाब से 800 रुपए की कीमत बहुत कम है इसलिए मैंने कोई देरी नहीं की और मैंने तुरंत ही इस फोन को ऑर्डर कर दिया। मैं बहुत खुश था, मुझे लगा कि मैंने एक बहुत फायदे का सौदा किया है।

कुछ दिनों बाद फोन आ गया। हमने उसे इस्तेमाल करना शुरू किया लगभग 10 दिन बाद फोन हैंग होना शुरू हो गया, 2–4 दिन बाद हम उसे लेकर सर्विस सेंटर गए वहाँ उन्होंने दो दिन का समय लिया और उसे ठीक करके हमें दिया। इस बार फोन लगभग एक महीने सही से चला और फिर उसने अपनी पुरानी समस्या दिखानी शुरू की। हम फिर से सर्विस सेंटर गए और हमसे फिर से समय लिया गया और फिर से फोन सही करके दिया गया। यह सिलसिला एक साल तक चलता रहा

जब तक उसकी वारंटी खत्म नहीं हो गई। वारंटी खत्म होने के साथ हमारा धैर्य भी खत्म हुआ और हमने उस फोन को फेंक दिया। हमने जोड़ना शुरू किया की उस 800 रुपए के सस्ते फोन को खरीद कर हमने कितने पैसे बचाएं पर हुआ इसका उल्टा हमने पैसे के साथ–साथ अपना कीमती समय भी गंवाया जो हमने मोबाइल के सर्विस सेंटर में दौड़ने में बर्बाद किया।

हमारे घर में उसी फीचर्स के साथ एक बहुत ही प्रख्यात और विश्वसनीय कंपनी का भी मोबाइल है, हाँ कीमत में वह अवश्य ही इससे थोड़ा–सा ही ज्यादा है पर लगभग 3 साल के इस्तेमाल के बाद भी इसने हमें कोई शिकायत का मौका नहीं दिया।

इंसान अपनी गलतियों को बहुत जल्दी भूल जाता है और वर्ष 2017 में भी मुझसे इसी प्रकार की गलती हुई जब मैंने एक ऑनलाइन विज्ञापन देखकर एक बहुत ही सस्ता पेनड्राइव खरीद लिया पर उसका परिणाम भी इस 800 रुपए वाले मोबाइल की तरह ही रहा। मैं बार–बार सर्विस के लिए परेशान हुआ और मेरा काफी समय बर्बाद हुआ।

इसके बाद से मैंने तय कर लिया कि चाहे जो हो गुणवत्ता से समझौता नहीं करूंगा क्योंकि निम्न गुणवत्ता और समय की बर्बादी दोनों एक ही हैं।

समय प्रबंधन से जुड़ी अमल योग्य उपयोगी बातें :–

❖ एक बार ही खरीदें लेकिन उच्च गुणवत्ता वाले ही सामान खरीदें इससे मानसिक शांति तो मिलती ही है साथ–ही–साथ सर्विस के चक्कर से बचने के कारण आपके कीमती समय की भी बचत होती है।

❖ सेल्समैन क्या कह रहा है या विज्ञापन क्या दावे कर रहें हैं से ज़्यादा जरूरी है कि आप ये जाँचे कि कंपनी और प्रॉडक्ट का इतिहास क्या है, प्रॉडक्ट के बारे में लोगों की क्या राय है यह आप ऑनलाइन भी जांच सकते हैं।

अध्याय – 42

गलतफहमी को तत्काल खत्म करें

"हर दिन मेरा सर्वश्रेष्ठ दिन है। यह मेरी जिंदगी है, मेरे पास यह क्षण दुबारा नहीं होगा।" : बर्नी सीगल

आपको ये बताने की जरूरत नहीं है कि पेट्रोल और एक छोटी–सी चिंगारी जब एक साथ संपर्क में आते हैं तो क्या होता है। ऐसा ही कुछ हमारे जीवन में भी देखने को मिलता हैं जब सम्बन्धों में गलतफहमियाँ आ जाती हैं।

गलतफहमी कई कारणों से आती है किसी कारणवश एक दूसरे के प्रति गलत धारणा बना लेने से या किसी के द्वारा जानबूझकर जहर घोलने से या सुनी सुनाई बातों से। कारण चाहे जो भी हो गलतफहमी के कारण सम्बन्धों में दरार आ जाती है। संबंधों में मजबूती लाने के लिए एक बहुत बड़ा समय निवेश करना पड़ता है और गलतफहमियाँ इस मजबूत

संबंध को पल भर में ही समाप्त कर देती है।

मजबूत सम्बन्धों में विश्वास के कारण जहां काम आसानी और तेजी से होते हैं वहीं गलतफहमियों के कारण विश्वास खत्म होता है और काम बहुत मुश्किल से और धीमे होता है।

गलतफहमियाँ जब भी शुरू हों तो बिना सामने वाले व्यक्ति का इंतजार किए स्वयं पहल करें, गलतफमियों के कारणों को समझें और उन्हे दूर करें। समय की बचत के साथ—साथ आप तनावमुक्त होंगे और आपके सम्बन्धों में फिर से वही मजबूती लौट आएगी।

समय प्रबंधन से जुड़ी अमल योग्य उपयोगी बातें :—

❖ ऐसे लोगों से दूर रहें जिनकी संबंधों में जहर घोलने की आदत हो उन्हे सख्त शब्दों में बताए कि आपके पास उनके लिए बिलकुल भी समय नहीं है।

❖ जब भी कोई व्यक्ति आप तक सुनी सुनाई बात लेकर आए और वास्तविकता के रूप में पेश करे तो उससे तुरंत पूछें आपको कैसे पता?

सारांश

अगर आप मुझसे पूछें की आखिर समय प्रबंधन क्यों करें, तो मेरा जवाब होगा जीवन में संतुलन बनाने के लिए, मैंने पाया है कि आम इंसान की स्थिति बिल्कुल जिंदगी में एक फुटबाल जैसी हो जाती है उसके पास जो भी काम आता है वो वही काम करता रहता है, आम जीवन के कामों और समस्याओं में वह इस तरह भटक जाता है कि वह अपने सपनों को पूरा नहीं कर पाता और ईश्वर द्वारा मिली प्रतिभा का इस्तेमाल किए बिना ही वह इस धरती से चला जाता है। सबसे दुःख की बात तो यह है कि वह अपने ही लोगों यानि की अपने परिवार के लोगों को ही समय नहीं दे पाता। हमारे लिए महत्वपूर्ण है कि हम उन लोगों के साथ ज्यादा समय बिताएं जिनसे हम प्रेम करतें है यानि की हमारा परिवार। वर्तमान समय में हम परिवार से दूर होते जा रहें हैं और हम अपने पति—पत्नी, बच्चे परिवार के अन्य सदस्य को समय ही नहीं देते। जीवन का मतलब संतुलन है और हमे अपना जीवन संतुलित बनाना होगा तभी हमारा जीवन सार्थक होगा। संतुलन का अर्थ सिर्फ आर्थिक पहलुओं में ही नहीं बल्कि शारीरिक, मानसिक और पारिवारिक सभी क्षेत्रों में संतुलन से है और इसके लिए इस पुस्तक में बताई गई समय प्रबंधन की बातें आपके लिए कारगर साबित होंगी।

आपके उज्ज्वल भविष्य की कामना।

स्व0 राधेश्याम गुप्त जी का पौत्र **''राजल''**

आपको यह पुस्तक कैसी लगी ये मुझे जरुर बताएं, आपके सुझाव और विचार मेरे लिए अनमोल हैं।

मुझसे संपर्क में बने रहने के लिए मेरा facebook पेज लाइक करें। www.facebook.com/therajal

***

राजलनीति टाइम मैनेजमेंट पुस्तक का विमोचन माननीय मुख्यमंत्री योगी आदित्यनाथ जी द्वारा हुआ

मीडिया कवरेज

सराहा जा रहा राजलनीति का टाइम मैनेजमेंट

राजलनीति - 2 : पुस्तक का विमोचन करते मुख्यमंत्री योगी आदित्यनाथ

गोरखपुर : टाइम मैनेजमेंट को लेकर युवा लेखक राजल गुप्ता द्वारा लिखी गई राजलनीति: 2 पुस्तक लोगों में खूब सराही जा रही है। इस किताब से आमजन को ऐसे सिद्धांतों की जानकारी मिल रही है, जिससे कोई भी व्यक्ति अपने समय का बेहतर प्रबंधन करके कम समय से आगे बढ़ सकता है। इस पुस्तक का लोकार्पण दो दिन पूर्व गोरखनाथ मंदिर में मुख्यमंत्री योगी आदित्यनाथ द्वारा किया गया।

लेखक राजल ने बताया कि इससे पूर्व के संस्करण राजलनीति-1 का लोकार्पण भी पिछले वर्ष योगी आदित्यनाथ द्वारा ही किया गया था। उन्होंने बताया कि राजलनीति-1 के पहले अध्याय 'बच्चे मुश्किल में हों तो मां ही काम आती है' को इंटरनेट पर पांच लाख से ज्यादा लोगों ने पढ़ा और सराहा है।

"दैनिक जागरण"
गोरखपुर
23/10/2017

सीएम ने किया राजल नीति-2 का विमोचन

GORAKHPUR (21 Oct): राजल नीति-2 टाइम मैनेजमेंट पुस्तक का विमोचन सीएम योगी आदित्यनाथ ने गोरखनाथ मंदिर परिसर में किया. उन्होंने इस पुस्तक की सफलता के लिए लेखक राजल को शुभकामनाएं दी. राजल नीति के पूर्व संस्करण का लोकार्पण भी उन्होंने ही किया था. इस पुस्तक के पहले अध्याय 'बच्चे मुश्किल में हों तो मां ही काम आती है' को इंटरनेट पर पांच लाख से ज्यादा लोगों ने पढ़ा और सराहा था. राजल नीति-2 के लेखक राजल ने कहा कि वे खुद भी एक युवा हैं इसलिए आज के युवाओं की अपेक्षाएं, उनकी समस्याओं से भलीभांति परिचित हैं. उन्होंने कहा कि हमारे देश के युवा अपने कीमती समय का इस्तेमाल अपने जीवन के लक्ष्य की प्राप्ति के लिए करें ताकि देश उन्नति की ओर अग्रसर हो. इस अवसर पर कामिनी, राजेश, पूनम, नीतू, साक्षी, विजयलक्ष्मी, नीरज वर्मा, धीरज वर्मा आदि लोग मौजूद रहे.

"दैनिक जागरण I-Next"
गोरखपुर
22/10/2017

सीएम ने राजलनीति 2 का किया विमोचन

गोरखपुर। मुख्यमंत्री योगी आदित्यनाथ ने युवा लेखक राजल की 'राजलनीति 2 टाइम मैनेजमेंट' का विमोचन किया। गोरखनाथ मंदिर में पुस्तक का विमोचन करते हुए उन्होंने राजल को आशीर्वाद प्रदान करते हुए शुभकामनाएं भी दीं।

राजल ने कहा कि शीघ्र ही वे एक नई पुस्तक दी राजलनीति सीरीज टाइम मैनेजमेंट प्रकाशन के लिए तैयार है। उन्होंने कहा कि इस पुस्तकों से कोई भी व्यक्ति अपने समय का बेहतर प्रबंधन कर कम समय में ही स्वयं को आगे बढ़ा सकता है। इस अवसर पर शैवाल श्रीवास्तव, कामिनी, राजेश, पूनम, नीतू, साक्षी, विजयलक्ष्मी, नीरज वर्मा, धीरज वर्मा उपस्थित रहे।

"हिंदुस्तान",
गोरखपुर 19/10/2017

मीडिया कवरेज

मुख्यमंत्री ने किया राजल नीति-2 का विमोचन

गोरखपुर (एसएनबी)। राजलनीति: टाइम मैनेजमेंट पुस्तक का विमोचन मुख्यमंत्री योगी आदित्यनाथ ने गोरखनाथ मंदिर प्रांगण में किया। उन्होंने इस पुस्तक की सफलता के लिए लेखक राजल की शुभकामनाएं भी दीं। राजलनीति के पूर्व संस्करण का लोकार्पण भी योगी आदित्यनाथ द्वारा हुआ था। इस पुस्तक के पहले अध्याय बच्चे मुश्किल में हो तो मां ही काम आती हैं को इंटरनेट पर पांच लाख से ज्यादा लोगों ने पढ़ा और सराहा था। राजलनीति के दूसरे संस्करण को अपने नाना स्व. पुरुषोत्तम गुप्त व नानी स्व. सुषमा गुप्ता को समर्पित करते हुए राजल ने कहा की आज वो जो भी हैं अपने दादा स्व. राधेश्याम गुप्त की प्रेरणा से हैं। राजलनीति ऐसे सिद्धांत बताती है जिन पर चलकर व्यक्ति अपने समय का बेहतर प्रबंधन करके कम समय में ही काफी आगे बढ़ सकता है इस अवसर पर शैवाल श्रीवास्तव, कामिनी, राजेश, पूनम, नीतू, साक्षी, विजयलक्ष्मी, नीरज वर्मा, धीरज वर्मा आदि मौजूद रहे।

"राष्ट्रीय सहारा"
गोरखपुर 19/10/2017

सीएम ने किया राजलनीति-2 का विमोचन

गोरखपुर। टाइम मैनेजमेंट संबंधित पुस्तक राजलनीति-2 का विमोचन सीएम योगी आदित्यनाथ ने किया। उन्होंने इस पुस्तक की सफलता के लिए लेखक राजल को आशीर्वाद दिया।

राजलनीति के पूर्व संस्करण का विमोचन भी महंत योगी आदित्यनाथ ने 19 अक्टूबर 2016 को किया था। इस पुस्तक के पहले अध्याय बच्चे मुश्किल में हो तो मां ही काम आती हैं को इंटरनेट पर पांच लाख से ज्यादा लोगों द्वारा पढ़ा और सराहा गया। राजल ने इस पुस्तक को अपने नाना स्व. पुरुषोत्तम गुप्त व नानी स्व. सुषमा गुप्ता को समर्पित किया। कहा कि आज वो जो भी हैं अपने दादा स्व. राधेश्याम गुप्त की प्रेरणा से है। जहां तक इस पुस्तक का विषय है मैं खुद भी एक युवा हूं और इसलिए आज के युवाओं की अपेक्षाएं, उनकी समस्याओं से भली भांति परिचित हूं। हमारे देश के युवा अपने कीमती समय का इस्तेमाल अपने जीवन के लक्ष्य की प्राप्ति के लिए करें और हमारा देश उन्नति की ओर अग्रसर हो। इस अवसर पर शैवाल श्रीवास्तव, कामिनी, राजेश, पूनम, नीतू, साक्षी, विजयलक्ष्मी, नीरज वर्मा, धीरज वर्मा आदि उपस्थित थे।

"तूफान : शान ए पूर्वांचल", गोरखपुर
22/10/2017

मुख्यमंत्री ने किया राजलनीति 2 का लोकार्पण
गोरखपुर : राजलनीति 2 टाइम मैनेजमेंट पुस्तक का लोकार्पण...
newsliveindia.com

न्यूज़ लाइव इंडिया . कॉम

मुख्यमंत्री ने किया राजलनीति-२ का लोकापेण

गोरपुर, १८ अक्तूबर। राजलनीति २ टाइम मैनेजमेंट पुस्तक का लोकार्पण उत्तर प्रदेश मुख्यमंत्री योगी आदित्यनाथ ने किया साथ ही साथ उन्होंने इस पुस्तक की सफलता के लिए इसके लेखक राजल को आशीर्वाद स्वरूप शुभकामनाएं भी दी। राजलनीति के पूर्व संस्करण का लोकार्पण भी योगी आदित्यनाथ ने १९ अक्टूबर २०१६ को किया था इस पुस्तक के पहले अध्याय बच्चे मुश्किल में हो तो मां ही काम आती हैं को इंटरनेट पर पांच लाख से ज्यादा लोगों ने पढ़ा और सराहा था। राजलनीति के इसी संस्करण को अपने नाना स्व. पुरुषोत्तम गुप्त व नानी स्व. सुषमा गुप्ता को समर्पित करते हुए कहा कि आज वो जो भी है अपने दादा स्व. राधेश्याम गुप्त की प्रेरणा से है। जहां तक इस पुस्तक का विषय है मैं खुद भी एक युवा हूं और इसलिए आज के युवाओं की अपेक्षाएं उनकी समस्याओं से भली भांति परिचित हूं। मैं अपने राजलनीति सीरीज पुस्तकों की श्रृंखला में अपनी नई पुस्तक दी राजलनीति सीरीज टाइम मैनेजमेंट प्रकाशित कर रहा हूं। राजलनीति २ ऐसे सिद्धांत बताती है जिनपर चलकर व्यक्ति अपने समय का बेहतर प्रबंधन करके कम समय में ही काफी आगे बढ़ सकता है इन सिद्धांतों के इस्तेमाल के ही कारण इस पुस्तक के लेखक ने ९ डिग्री सर्टिफिकेट अर्जित किये जिनमें एमएलबी प्रबन्धकारिता को लेबल एमबी पीजीडीबीए (एमबीए) जैसी चार प्रोफेशनल डिग्री भी शामिल है। पुस्तक को भारत सरकार द्वारा कॉपीराइट भी प्राप्त है। और यह जल्द ही अमेजन जैसे ऑनलाइन वेबसाइट पर उपलब्ध होगी। इस अवसर पर शैवाल श्रीवास्तव, कामनी, राजेश, पूनम, नीतू, साक्षी, विजयलक्ष्मी, नीरज वर्मा आदि उपस्थित थे।

"आज" गोरखपुर, 19/10/2017

सीएम योगी ने किया राजलनीति 2 का लोकार्पण
गोरखपुर: मुख्यमंत्री योगी आदित्यनाथ ने बुद्धवार को राजलनीति 2...
gorakhpur.finalreport.in

गोरखपुर न्यूज़ फ़ाइनल रिपोर्ट

'गोरखपुर : CM योगी आदित्यनाथ ने किया 'राजलनीति 2' का विमोचन' Eenadu India Hindi -

गोरखपुर : CM योगी आदित्यनाथ ने किया 'राजलनीति 2' का विमोचन
hindi.eenaduindia.com

ईनाडु इंडिया . कॉम

गोरखपुर में मुख्यमंत्री योगी आदित्यनाथ ने किया राजलनीति 2 का लोकार्पण
gorakhpur.com

गोरखपुर में मुख्यमंत्री योगी आदित्यनाथ ने किया राजलनीति 2 का लोकार्पण

गोरखपुर टाइम्स . कॉम

''भारत के माननीय उपराष्ट्रपति श्री वेंकैया नायडू जी ने राजलनीति टाइम मैनेजमेंट पुस्तक को अपनी शुभकामनाएं दी''

उपराष्ट्रपति ने राजलनीति किताब के लिए दी बधाई

गोरखपुर। देश के उपराष्ट्रपति वैंकैया नायडू ने शहर के युवा लेखक राजल गुप्त की किताब 'राजलनीति' के लिए उन्हें शुभकामना दी है। मंगलवार को राजल ने बताया कि उपराष्ट्रपति के निजी सचिव एन युवराज ने पत्र भेजकर किताब मिलने की पुष्टि की है। साथ ही शुभकामना संदेश भी दिया है।

''हिन्दुस्तान''. गोरखपुर

उप राष्ट्रपति ने दी 'राजलनीति-2' के लिए शुभकामना

गोरखपुर (एसएनबी)। भारत के उप राष्ट्रपति वेंकैया नायडू ने युवा लेखक राजल को उनकी पुस्तक 'राजलनीति-2' के लिए शुभकामनाएं दी हैं। इस पुस्तक का विषय समय प्रबंधन है। राजल को उप राष्ट्रपति ने एक पत्र के माध्यम से अपनी शुभकामनाएं दी। राजलनीति-2 का विमोचन इसी वर्ष उत्तर प्रदेश के मुख्यमंत्री महंत योगी आदित्यनाथ ने किया था। वर्ष 2006 में महंत योगी आदित्यनाथ ने ही राजलनीति के प्रथम संस्करण का भी विमोचन किया था। राजलनीति-2 ऐसे सिद्धांत बताती है जिन पर चलकर व्यक्ति अपने समय का बेहतर प्रबंधन करके कम समय में ही काफी आगे बढ़ सकता है। लेखक राजल ने बताया कि पुस्तकों की लोकप्रियता का देखते हुए राजलनीति तथा राजलनीति-2 का अंग्रेजी संस्करण भी जल्द ही उपलब्ध होगा।

''राष्ट्रीय सहारा'', गोरखपुर

आभार ...

- हमारे बाउजी (दादाजी) स्वर्गीय राधेश्याम गुप्त जी हमारे आदर्श, हमारे प्रेरणास्त्रोत, आज हम जो भी है सिर्फ उन्हीं की वजह से

- स्वर्गीय डा0 कीर्ति बाला (बुआ जी)

- राजलनीति टाइम मैनेजमेंट समर्पित है हमारे नाना जी स्वर्गीय पुरूषोत्तम चन्द्र गुप्त जी व नानी जी स्वर्गीय सुषमा गुप्ता जी को

- हृदय से आभार हमारी अम्मा जी (दादी जी) श्रीमती कामिनी देवी गुप्ता जी का जिनका आशीर्वाद और मार्गदर्शन हमारे परिवार पर सदैव बना हुआ है